차
별
의   언
어

차별의 언어

초판 1쇄 발행 2018년 10월 1일
초판 5쇄 발행 2021년 11월 10일

지은이 장한업 **펴낸이** 김종길 **펴낸 곳** 글담출판사 **브랜드** 아날로그

기획편집 이은지·이경숙·김보라·김윤아·안수영
영업 김상윤·최상현 **디자인** 엄재선·박윤희 **마케팅** 정미진·김민지 **관리** 박지웅

출판등록 1998년 12월 30일 제2013-000314호
주소 (04029) 서울시 마포구 월드컵로 8길 41 (서교동)
전화 (02) 998-7030 **팩스** (02) 998-7924
페이스북 www.facebook.com/geuldam4u **인스타그램** geuldam
블로그 http://blog.naver.com/geuldam4u

ISBN 979-11-87147-31-2 (03300)
* 책값은 뒤표지에 있습니다.
* 잘못된 책은 구입하신 곳에서 바꾸어 드립니다.

글담출판에서는 참신한 발상, 따뜻한 시선을 가진 원고를 기다리고 있습니다.
원고는 글담출판 블로그와 이메일을 이용해 보내주세요. 여러분의 소중한 경험과 지식을 나누세요.
블로그 http://blog.naver.com/geuldam4u **이메일** geuldam4u@naver.com

차별의
언어

장한업 지음

**무심코 쓰는
일상 언어로 본
우리 사회의
차별 의식**

아날로그

한국 사회에 다문화가 소개된 지는 오래됐다. 하지만 다문화가정은 외국인가정이고, 다문화교육은 다문화가정 자녀를 동화하는 교육으로 통용되는 등 한국의 다문화 인식과 관련 정책은 여전히 차이를 차별로 만들고, 다양성을 말살한다. 이런 때에 꾸준히 관련 활동을 해온 장한업 교수의 이 책은 반갑기만 하다. 일상 속 언어를 매개로 한국 사회의 단일민족의식을 비판하고, '우리'를 해외에 흩어져 있는 동포들과 사회 안에서 차별받고 있는 존재들까지 포용하여 새롭게 정의한다. 그리고 다문화를 타문화로 인식하고 우리와 다른 사람들을 차별하는 이 사회에 일침을 가하며 타문화권 사람들과의 소통, 상호 변혁을 꿈꾸는 상호문화를 주장한다. 꼭 읽어볼 만한 책이다.

_주광순(부산대학교 철학과 교수, 한국 상호문화철학회 회장)

바야흐로 다문화시대다. 누구나 과거의 편협한 단일민족 신화를 반성하고 다양성을 찬양하는 세상이다. 이에 따라 매우 많은 국가 예산 투입으로 수많은 프로그램들이 운영되고 있기도 하다. 하지만 우리의 일상에는 아직도 기존의 관행과 사고방식의 흔적이 남아 있다. 긴 시간 동안 다문화사회의 교육적 대안으로 상호문화교육을 연구해 온 장한업 교수는 우리가 무의식적으로 사용하는 언어의 배경을 파헤치고, 우리의 삶 속에 들어 있는 전통의 허상에 주목한다. 아예 '우리가 누구인가'에 대해서 도전한다. 사회 구성원의 다양성이 더욱 커져갈 수밖에 없는 시대, 서로에 대한 인정과 존중이 어느 때보다도 중요해지는 지금, 『차별의 언어』는 반목하는 사람들에게 화해의 장을 마련해 주는 책이다.

_박경태(성공회대학교 사회과학부 교수, 『소수자와 한국사회』 저자)

악화된 사회경제적 현실의 대안을 찾아 헤매는 동안, 소수자에게 모든 문제의 책임을 전가하는 일이 유행처럼 번지고 있다. 소수자를 쫓아내기만 하면 모든 문제가 해결될 것처럼 문제를 단순화하여 대중들의 의식을 마비시키고 있다. 이 책은 그 조악한 선동의 대표적인 희생양인 외국인, 이주자, 난민의 문제를 다룬다. 한국 사회의 구체적인 현실을 다루고 있어 생생함을 더한다. 이방인을 차별해 온 한국의 역사에서부터 한국어에 담긴 편견, 탈북자, 재외한인, 외국인 근로자, 조선족 등까지 우리가 직면하고 있는 논제들을 알차게 담았다. 차별을 넘어 상생으로, 단일민족 신화를 넘어 다문화사회로, 한국 사회가 가야 할 미래의 지향을 제시하면서, 다문화 시대에 필요한 정책 과제와 문화다양성교육까지 제언함으로써 현실과의 긴장을 놓지 않는다. 실생활에서 경험할 수 있는 다양한 사례들을 평이한 문체로 풀어내 현대 시민을 위한 교양서로도 손색이 없다. 막연한 편견이 차별과 폭력으로 이어지는 것은 순식간이다. '바로 지금' 문제를 인식하고 행동에 나설 때다. 이 책이 그 여정에 좋은 길잡이가 될 것이다.

_홍성수(숙명여자대학교 법학부 교수, 『말이 칼이 될 때』 저자)

  '틀린 그림 찾기'는 한국인이면 누구나 쉽게 접할 수 있고 어렵지 않게 즐길 수 있는 놀이입니다. 과거에는 스포츠 신문, 주간 잡지 등 지면을 통해서 즐겼지만, 요즘에는 휴대전화나 컴퓨터로도 즐길 수 있지요. 어떤 방식으로 즐기든 이 놀이의 원리는 같습니다. 얼핏 보면 똑같아 보이는 한 쌍의 그림이나 사진을 놓고 둘 사이의 '틀린' 부분을 찾아내는 것이지요. 대개 다섯 개 내외의 틀린 부분을 찾아내야 하는데 그 정답은 같은 지면의 아랫부분이나 그다음 장에 제시되어 있습니다. 혼자서 하면 심심풀이가 되고 둘 이상이 하면 내기가 될 수도 있는 놀이지요.

  그런데 이 놀이에 대해 한 가지 생각해 볼 게 있습니다. 바로 '틀린'이라는 단어입니다. 과연 이 단어를 사용하는 것이 적절할까요? 다시 말해, 이 놀이에 '틀린' 그림이 존재할까요? 사전에서는 '틀리다'를 '셈이나 사실 따위가 그르게 되거나 어긋나다.'라고 정의합니다. 즉 '틀리다'라는 단어는 '1+2=3'과 같은 셈이나 '서울은 한국의 수도'와 같은 사실에 쓰는 말입니다. '틀린'과 '다른'은 영어로 번역하면 그 차이가 더 잘 드러납니다. 영어로 '틀린'은 wrong이고 '다른'은 different입니다. 이 둘은 엄연히 다릅니다. wrong이 가치의 개념을 포함하고 있다면, different는 그렇지 않습니다. 이 정의에 따르면 한 쌍을 이루는 그림이나 사진은 다를 수는 있어도 틀릴 수는 없기 때문에 '틀린 그림 찾기'가 아니라 '다른 그림 찾기'라고 해야 하고, 아주 엄밀히 말하자면 '다른 부분 찾기'라고 해야 합니다.

국어사전에서도 형용사로 쓰이는 '틀리다'는 '다르다'의 잘못이라고 나옵니다. 즉 '틀리다'는 동사로는 사용할 수 있어도 형용사로는 쓸 수 없습니다. 하지만 우리는 '틀리다'와 '다르다'를 많이 혼용하고 있습니다. 예를 들어 볼까요?

잠깐만, 그건 이야기가 틀리지.
너와 난 생각이 틀리구나.

우리에게는 너무나 자연스러운 문장들이지만, 이들은 '다르다'를 사용해야 할 자리에 '틀리다'를 사용한 예입니다. 이야기와 생각은 잘못될 수 없는 성질의 것이기 때문입니다.

한국인은 왜 이렇게 '틀리다'와 '다르다'를 혼용할까요? 이 두 단어를 동의어로 여기기 때문입니다. 이는 언어적 오용을 넘어서 심각한 결과를 초래할 수 있습니다. 언어가 인간의 사고와 존재에 큰 영향을 미치기 때문입니다. 독일의 철학자 하이데거는 '언어는 존재의 집'이라고 말했습니다. 인간은 언어를 통해서 사고하고 존재합니다. 언어를 잘못 쓰면 잘못된 사고를 할 수 있지요. 즉 '틀리다' 와 '다르다'를 동의어로 사용하면 차이를 다양성으로 인정하지 못하고 틀린 것으로 여기게 됩니다. 자신과 피부색이나 종교가 다른 사람을 틀린 사람처럼 여긴다는 것입니다.

/ / /

이는 자연스럽게 민족중심주의로 이어져 다른 민족을 틀린 민족으로, 다른 문화를 틀린 문화로 보게 만듭니다. 현재 광주대학교에 재직 중인 욤비 토나 교수의 이야기를 살펴보겠습니다. 콩고 왕족인 그는 국립대학 경제학과를 졸업한 엘리트입니다. 2002년에 콩고 민주 공화국 비밀정보국 정보과장으로 일하는 도중에 자국의 비리를 폭로하려다 발각되어 한국으로 망명을 왔지요.

그의 망명 생활은 결코 순탄하지 않았습니다. 난민 신청이 계속 거부되어 5년이 넘는 긴 시간 동안 서울과 경기 일대에서 이른바 3D^{dirty, difficult, dangerous} 업종에 종사하며 근근이 살았지요. 그는 자신의 경험을 『내 이름은 욤비』라는 책을 통해 소개했습니다. 여기에는 "한국인은 무조건 왕이야. 아프리카 사람은 사람도 아니야."라는 표현이 나옵니다. 한국인들이 다른 민족이나 문화에 대해 아주 빈번하게 차별하고 있음을 꼬집은 것이지요.

욤비 교수는 본국에서 뛰어난 엘리트였지만 한국에 들어오는 순간 그냥 '깜둥이'로 전락하고 말았습니다. 의식 구조 속에 '다른 것은 틀린 것'이라고 여기는 한국인들이 외모가 다르다는 이유 하나만으로 흑인을 차별한 것이지요. 그래서『내 이름은 욤비』라는 책 제목도 자신을 깜둥이가 아니라 욤비라는 이름으로 불러 줄 것과 그저 흑인이 아니라 같은 인간으로 취급해 줄 것을 강력하게 요구하는 것으로 볼 수 있습니다.

/ / /

저는 이 책을 통해 다문화시대에 어울리지 않는 한국인의 언어 풍경을 그려 보려 했습니다. '왜 한국인은 '우리'라는 표현을 과도하게 사용할까?' '왜 이탈리아의 국수는 '스파게티'라고 부르면서 베트남의 국수는 퍼라는 정식 명칭이 있는데도 '쌀국수'라고 부를까?' '왜 '다' 문화'와 '타' 문화'를 동의어처럼 사용할까?' 하는 일련의 질문을 통해서 말입니다. 이런 질문들을 통해 한국인의 과도한 우리주의를 꼬집고 단일민족과 단일문화의 허상을 드러내 보이려고 했습니다. 그리고 우리 곁에 있으면서도 '우리가 되지 못한 사람들'을 돌아보고, 어떻게 하면 이들과 더불어 잘 살 수 있을지를 고민해 보았습니다.

지금 우리 모두는 다문화시대에 살고 있습니다. 따라서 '다문화'라는 단어의 의미부터 제대로 이해해야 합니다. 다문화는 한 사회 안에 여러 민족이나 여러 국가의 문화가 혼재하는 것을 말합니다. 한국은 지리적으로 볼 때 대륙과 해양이 만나는 점이지대*이기 때문에 오래전부터 많은 민족들이 혼재해 왔습니다. 단지 외모가 비슷해 섞여 있어도 표시가 나지 않을 뿐이지요. 또 역사적으로 보면 중국의 영향을 오랫동안 받았고 36년간 일본의 잔인한 지배도 경험했습니다. 20세기 중반부터는 미국의 영향을 지대하게 받고 있지요. 여러 국가의 문화가 혼재하고 있는 것입니다.

이런 다문화 현상은 20세기 말부터 이민자가 대거 들어오면서 더욱 가속화되고 있습니다. 이제 다문화는 우리의 엄연한 현실입니다. 우리 사회가 다문화사회고 그 속에 사는 우리가 다문화인입니다. 이런 인식은 그 자체로도 합당하지만 한국의 미래를 위해서도 바람직합니다. 인식을 전환하는 첫걸음은 자신과 자기 문화에 대한 통렬한 비판적 성찰입니다. 이 책이 우리 모두의 통렬하고 비판적인 자기 성찰에 도움이 된다면 더 바랄 게 없겠습니다.

---

* 서로 다른 지리적 특성을 가진 두 지역 사이에서 중간적인 현상을 나타내는 지역.

끝으로 여러 가지로 부족한 이 책을 출판해 주신 김종길 사장님, 두서없는 원고를 아름답게 엮어 준 안아람 편집자와 그 동료분들께 깊은 감사의 말씀을 드립니다.

2018년 9월

장한업

1부

차이를 차별로 만드는 우리 언어

'우리'라는 단어는 자신이 속한 집단을 마치 울타리처럼 둘러싸는 속성이 있습니다. 이 때문에 과하게 사용하면 다른 집단에 속한 사람들을 배척할 수 있지요. 이 울타리는 울타리 안의 사람과 울타리 밖의 사람을 갈라놓습니다. 이때 울타리는 그 안에 있는 사람에게는 보호막이 되지만 그 밖에 있는 사람에게는 차단막이 됩니다.

우리라는 울타리 속 세계

한국인은 '우리'라는 말을 참 많이 씁니다. 우리나라, 우리말, 우리 학교, 우리 집, 우리 아빠, 우리 엄마, 우리 아들, 우리 딸, 우리 동생 ……. 한국인에게는 이런 말들이 매우 친숙하지만 외국인에게는 그렇지 않습니다. 한국어로는 '우리 집'이라고 하는 말을 프랑스어로는 '나의 집$^{ma\ maison}$'이라고 합니다. 또 한국어로 '우리 엄마'라고 하는 말은 영어로 '나의 엄마$^{my\ mother}$'라고 하지요. 그러니 한국어를 처음 배우는 외국인들이 우리라는 표현을 이상하게 느끼는 것도 당연한 일입니다.

이런 표현상 차이는 한국어를 외국어로 옮기거나 외국어를 한국어로 옮기면 더 분명하게 드러납니다. '우리 남편'과 '우리 아내'를 영어로 옮기면 각각 'our husband'와 'our wife'가 되는데 이런 표현은 일부다처제나 일처다부제 사회에나 있을 법한 말입니다. '여러 명의 남편' '여러 명의 아내'라는 뜻이니까요. 왜 이런 어색한 표현이 생겼을까요? '우리 남편'이나 '우리 아내'를 가정이라는 울타리 안의 남자나 여자를 지칭하는 용어로 볼 수도 있지만 그래도 쉽게 납득이 가지는 않습니다.

'우리'라는 언어가 만든
사고의 울타리

어원상으로 우리는 '울타리'에서 온 말입니다. '돼지우리'와 '가축우리'는 각각 돼지와 가축을 가두어 놓는 울타리를 말하지요. 국어학자 유창돈은 '겨레 - 겨리 - 결 - 골 - 올 - 울 - 우리'라는 계열을 제시하고, 겨레와 우리가 어원적으로 관련이 있다고 주장했습니다. 그러면서 우리는 "'울*'을 말하는 것이요, 동족을 말하는 것이며 자신이 속하고 있는 범위를 한정하는 말이매 결국은 겨레와 상관됨을 벗어나지 못하는 말"*이라고 했지요.

그런데 이 우리라는 단어는 자신이 속한 집단을 마치 울타리처

---

* 유창돈 지음, 「족친칭호의 어원적 고찰」, 《사상계》 10호(1954), 81쪽.

럼 둘러싸는 속성이 있습니다. 이 때문에 과하게 사용하면 다른 집단에 속한 사람들을 배척할 수도 있지요. 여러분도 잘 알다시피 언어는 사고와 밀접한 관계를 맺고 있습니다. 독일의 철학자 하이데거는 '언어는 존재의 집이다.'라고 말하며 인간의 사고는 자신이 사용하는 언어 수준을 넘지 못한다고 주장했습니다. 이에 따르면 한국인은 우리라는 표현을 통해 사고의 울타리도 함께 치고 있는 셈입니다.

이 울타리는 울타리 안의 사람과 울타리 밖의 사람을 갈라놓습니다. 이때 울타리는 안에 있는 사람에게는 보호막이 되지만 그 밖에 있는 사람에게는 차단막이 됩니다. 노르웨이 오슬로대학교 한국학과 교수 박노자는 이미 이런 점에 주목한 바 있습니다. 한국인은 '우리 것'은 본래 좋고 우월한 것이며 우리 속에 사는 '나'는 별로 잘난 게 없어도 우리에 속한다는 이유 하나만으로 상당히 잘난 것처럼 여긴다고 지적했지요. 그는 또 한국인이 우리와 관련이 있는 것은 모두 도덕적이라 여기는 반면에 '그들'의 도덕성에는 별 관심을 보이지 않는다고도 말했습니다.[*]

---

* 박노자 지음, 『당신들의 대한민국』, 한겨레신문사(2002), 204쪽.

차이를 차별로 만드는 우리 언어

"한국에 오니
좋지요?"

　이화여자대학교 일반대학원에는 2014년에 신설된 '다문화·상호문화협동과정'이라는 석·박사 과정이 있습니다. 지리, 문화, 언어, 교육 등 여러 분야의 교수들이 다문화 현상을 학제적으로 연구하고 교육하는 과정이지요. 이 과정은 전국에서 유일하게 상호문화주의와 상호문화교육을 가르친다는 점에서 많은 사람들로부터 주목받고 있습니다. 내국인들도 꾸준히 진학하고 있지만 외국인 유학생도 점점 늘어나고 있지요. 현재 베트남, 말레이시아, 루마니아 등에서 온 학생들이 있는데 추후 몽골, 중국의 학생들도 들어올 예정입니다.

　이 과정을 공부하는 한 베트남 학생이 수업 시간에 자신이 한국에서 겪은 슬픈 경험담을 들려준 적이 있습니다. 아주 어렸을 때부터 베트남에서 발레를 배웠던 이 학생은 한국에 온 뒤 몸이 굳는 것을 막기 위해 대학교 근처에 있는 한 발레 학원에 등록했다고 합니다. 그런데 한국인 발레 강사는 수강생들 앞에서 그날 배울 동작을 간단히 설명한 다음 서너 번 시범을 보이는 게 다였습니다. 그래서 한국어가 서툰 이 학생은 발레 강사의 설명과 지시를 제대로 이해할 수 없었지요.

　어느 날 발레 강사는 이 학생에게 일본에서 왔냐고 물었습니다.

그리고 학생이 일본이 아니라 베트남에서 왔다고 대답하자 강사는 도저히 이해할 수 없다는 표정을 지으며 약간 비꼬는 듯한 어투로 이렇게 반문했지요.

아니, 베트남에서도 발레를 가르쳐요?

상당히 내성적인 이 학생은 어떤 반박도 하지 못한 채 그날로 학원을 그만두었습니다. 꽤 큰돈이던 남은 수강료 환불까지 포기하면서 말이지요. 베트남 학생은 이 이야기를 들려주는 순간에도 그날의 아픔이 되살아나는 듯 눈물을 흘렸습니다. 이 이야기를 듣던 나머지 학생들은 한동안 침묵만 지켰지요.

"아니, 베트남에서도 발레를 가르쳐요?"라는 한국인 발레 강사의 말을 되새겨 봅시다. 이 말은 베트남 같은 나라에서도 우아하고 고급스런 발레를 가르치느냐는 의미였을 겁니다. 베트남이라는 나라를 우습게 본 것이지요. 이와 관련해 우리는 다음과 같은 사실들을 상기할 필요가 있습니다. 먼저, 발레는 흔히들 러시아에서 시작했다고 생각하지만 이탈리아에서 시작해 프랑스에서 완성된 무용이랍니다. 그래서 오늘날 우리가 사용하는 발레 용어도 대부분 프랑스어지요. 그리고 베트남은 19세기 중반부터 약 100년간 프랑스의 지배를 받았습니다. 그 결과 아시아에서 프랑스 문화를 가장 많이 받아들인 나라가 되었지요. 따라서 발레는 한국인보다 베트남인에게 더 익숙한 무용일 수 있습니다. 이러한 사실들을 모르고 베트남의 발레를 무시했다는 것은 참으로 개탄스러운 일입니다.

일상생활 속에서도 이런 일은 빈번하게 일어나고 있습니다. 한국인이 외국인에게 던지는 "한국에 오니까 좋지요?"라는 질문도 그런 예에 속합니다. '못사는 당신 나라에 사는 것보다 잘사는 한국에 오니까 좋지요?'와 같은 의미로 질문할 때 말이지요. 이럴 때 외국인은 모멸감까지 느낄 수 있습니다.

경계가 없는
한국인의 '우리주의'

한국인의 '우리주의'는 강대국을 향해서도 발동합니다. 제가 '놈 시리즈'라고 부르는 게 있습니다. 바로 '양놈' '왜놈' '떼놈'입니다. 한국인에게 이 단어들은 상당히 익숙할 겁니다. 그런데 이와 같은 단어가 어떻게 생겼는지, 그 단어의 뜻은 무엇인지 제대로 아는 사람은 별로 없는 것 같습니다.

그나마 사람들이 의미를 잘 알고 있는 단어는 '양놈'일 겁니다. 양놈은 '서양 놈'의 줄임말이니까요. '양'은 한자로 '洋큰 바다 양'으로, 양놈은 바다를 건너온 서양 사람들을 낮추어 부르는 말입니다. 1653년 제주도에 표착한 네덜란드인 하멜이나 1866년 강화도를 침범한 프랑스 군인, 1950년 한국전쟁에 투입된 미국 군인 등이 모두 양놈에 해당하는 사람들이지요.

'왜놈'은 일본인을 낮추어 부르는 말입니다. 그런데 이 단어를 사용하는 사람들에게 왜 일본인을 왜놈이라고 부르는지 물으면 대부분 몸집이 작았기 때문이라고 대답합니다. 왜놈의 '왜'를 '왜소矮小하다고 할 때의 '矮난쟁이 왜'로 생각하기 때문이지요. 그런데 이는 잘못 알고 있는 사실입니다. 왜놈의 왜는 '倭왜나라 왜' 자입니다. 국어학자 서정범에 따르면 倭라는 글자는 1세기 중국의 역사서『한서』와 5세기 남북조 시대 후한의 역사를 기록한『후한서』에 등장합니다. 처음에는 키가 작고 수염이 많은 일본 원주민인 아이누인人*을 가리켰으나 후에는 일본인 전체를 가리키는 말로 일반화되었다고 합니다.**

마지막으로 '떼놈'은 중국인을 가리키는 말입니다. 사람들에게 이렇게 부르는 이유를 물으면 으레 하는 대답들이 있답니다. 바로 '떼로 몰려다녀서'예요. 이렇게 답하는 사람들은 한국전쟁 당시 1·4 후퇴를 일으킨 중공군의 인해전술을 흔히 거론합니다. 그다음으로 많이 하는 대답은 '때가 많아서'입니다. 중국인은 한국인의 머릿속에서 잘 씻지 않은 더러운 사람들로 그려지는 경우가 많기 때

---

* 일본의 홋카이도와 러시아의 사할린, 쿠릴 열도 등에 분포하는 소수 민족.
** 서정범 지음,『우리말의 뿌리』, 고려원(1989), 258쪽.

문입니다. 또 '떼를 잘 써서'라고 대답하는 사람들도 있습니다. 고조선이나 발해를 자기네 땅이라고 우기는 중국인을 떠올린 것이지요. 그 밖에 '뗏목을 타고 와서'라는 황당한 대답을 하는 사람들도 있습니다.

물론 이 네 가지 대답은 모두 정답이 아닙니다. 어원상으로 떼놈의 어원은 '되놈'입니다. '되'는 북쪽을 가리키는 고유한 한국어지요. 본래 되놈은 조선 초기 사람들이 만주에 살던 여진족을 낮잡아 부르던 말이었습니다. 그런데 청나라가 명나라를 멸망시키고 조선을 침략해 병자호란을 일으키자, 청나라를 비하하는 말로 쓰이기 시작해 이후 중국인 전체를 비하하는 말이 되었지요.

이러한 우리주의는 한국인의 선천적인 특성이 아닙니다. 아주 어린 나이에 해외로 입양된 한국인은 우리주의 경향을 보이지 않습니다. 결국 우리주의는 한국이라는 울타리 속에서 태어나 교육받으면서 생긴 것이라고 보아야 합니다.

심지어 한국인은 자신들의 울타리 안쪽에 있는 사람들도 우리주의라는 이름 아래 배척합니다. 조금이라도 다른 점이 있으면 말이지요. '화냥년'과 '호로 새끼'라는 단어는 좋은 예입니다. 병자호란이 끝나자 청나라는 조선에 많은 공녀를 요구했습니다. 패전국인 조선은 그들의 요구를 들어줄 수밖에 없었지요. 그렇게 끌려간 공녀들 중 일부는 도망쳐 돌아왔고 일부는 사신을 보내 데려오기도 했습니다. 당시 사람들은 이렇게 돌아온 여자들을 '고향'으로 돌아온虜 여자女'라고 해서 '환향녀還鄕女'라고 불렀습니다. 그리고 환향녀를 '화냥년'으로 속되게 부르며 차별했습니다. 그들이 데려온 아이들 역시 오랑캐의 자식이라 해서 '호로 새끼'라고 부르며 무시했지요. 시간이 흐르면서 이 호로 새끼는 '후레자식'으로 변했는데, 후레자식은 '아버지 없이 자라 교양이나 버릇이 없는 사람'을 낮잡아 이르는 말입니다.

이제 '양놈' '왜놈' '떼놈'을 지도상에 배치시켜 봅시다. 한반도 북쪽에는 떼놈이 있고 남쪽에는 왜놈이 있으며 서쪽과 동쪽에는 양놈이 있습니다. 한국인은 한반도에 사는 자신들을 빼고는 모두를 '놈'이라고 부르고 있습니다. 심지어 양놈, 왜놈, 떼놈이라고 불리는 사람들은 현재 전 세계의 패권을 놓고 다투는 강국의 사람들이지요. 한반도 바깥, 더 정확히 우리 울타리 바깥에 산다는 이유만으로 '우물 안의 개구리'처럼 그들을 함부로 낮잡아 부르는 셈입니다.

차이를 차별로 만드는 우리 언어

모난 돌이 정 맞는 나라

요즘 사람들은 편지를 거의 쓰지 않습니다. 편지 대신 휴대전화로 문자를 보내거나 전자우편^{e-mail}을 쓰지요. 그러다 보니 주소를 쓸 일이 별로 없습니다. 하지만 소포를 보내거나 계약서를 쓸 때는 여전히 주소를 써야 합니다.

한국 사회가
개인보다 우선시하는 것

주소를 쓰는 방식에서도 한국인 특유의 집단주의가 드러납니다. 알다시피, 한국에서는 주소를 다음과 같이 적습니다.

○○도 □□시 △△구 ▷▷동 604번지 홍길동

여기서 주목할 것은 한국인들이 주소를 '내림차순'으로 쓴다는 점입니다. 맨 먼저 도를 적고, 그다음에 시를 적고, 구와 동을 적은 다음, 번지를 적지요. 이름도 마찬가지입니다. 성을 적은 다음, 이름을 적습니다. 성이 홍이고, 이름이 길동이면 홍길동이라고 적지요. 홍씨 가문에서 태어난 '길동'이라는 뜻입니다. 자신을 직접적으로 보여 주는 길동이라는 이름은 도, 시, 구, 동, 번지라는 다섯 개의 지역 집단과 홍이라는 한 개의 혈연 집단을 거쳐야만 비로소 나타납니다.

서양의 경우는 어떨까요? 서양에서는 이름을 가장 먼저 적은 다음, 성을 적습니다. 주소는 가장 작은 지역에서부터 가장 큰 지역 순으로 적지요. 이는 개인을 집단보다 우선시하는 것으로 볼 수 있어요. 이를 근거로 서양은 한국보다 개인주의가 우세하다고 할 수 있습니다.

한국인의 집단주의는 네덜란드의 심리학자 기르트 홉스테드가 제시한 문화모형분석에도 그대로 드러납니다. 홉스테드는 10만 명이 넘는 전 세계 IBM 직원을 대상으로 그들의 태도와 가치관을 알아보는 설문 조사를 시행했습니다. 그 결과 한국인 직원들은 중국인 직원들과 함께 집단주의 성향이 매우 강한 것으로 드러났습니다. 미국, 캐나다, 호주 출신의 직원들은 개인주의 성향이 매우 강하게 나타났지요.

또 홉스테드는 한 사회가 개인주의 사회인지 집단주의 사회인지를 분류하기 위해 해당 사회 구성원들이 다른 구성원과 맺는 관계도 알아보았습니다. 그 결과 개인주의 사회의 사람들은 자신과 자신의 직계 가족을 중시한 반면, 집단주의 사회의 사람들은 자신을 돌봐 주는 집단을 중시했다고 합니다.

한국은 개인주의 지수 18점을 얻어 집단주의 성향이 매우 강한 사회로 분류되었습니다. 한국보다 집단주의 성향이 강한 곳은 남미(에콰도르, 과테말라, 콜롬비아, 베네수엘라, 파나마)와 대만 정도밖에 없었지요. 참고로 이웃 나라 일본은 46점을 얻어 개인주의 성향이 상당히 강한 나라로 분류되었습니다.

한국처럼 집단주의 성향이 강한 사회는 집단에 대한 충성심을 매우 중시하고 이 충성심은 대부분의 사회 규칙과 통제를 능가합니다. 그뿐만 아니라 강한 연대감도 가지고 있어 모든 사람이 집단 내 다른 구성원에게 책임감을 느끼지요. '우리가 남이가.' 라는 말도 괜히 나온 게 아닙니다.

집단주의 사회에서 이런 충성심이나 연대감을 외면하는 것은 곧 체면의 상실, 더 나아가 수치로 여겨지기까지 합니다. 그래서 비합리적인 일도 충성심 때문에 묵과되고는 합니다.

한국에서 여러 명이
중국집에 가면 생기는 일

우리 속담에 '모난 돌이 정 맞는다.'라는 말이 있습니다. 이는 어떤 사람이 두각을 나타내면 다른 사람에게 미움을 받게 된다는 의미입니다. 우리는 왜 두각을 나타낸 사람을 미워할까요?

여기에는 크게 두 가지 이유가 있는 것 같습니다. 하나는 그 사람을 시샘하기 때문입니다. 친척인 사촌이 땅을 사도 배가 아픈 사람들인데 친척도 아닌 남이 어느 한 분야에서 두각을 나타내면 쉽게 시기하게 되겠지요. 다른 하나는 한국 특유의 집단주의 때문입니다. 결코 한국의 집단주의는 어떤 사람이 집단의 틀을 조금이라도 벗어나는 것을 용납하지 않지요.

중국집에서 네 명이 음식을 주문하는 경우를 가정해 보겠습니다. 첫 번째 사람은 짜장면을 시키고 두 번째 사람은 짬뽕을 시킵니다. 각자의 입맛이 다른 법이니 이는 지극히 정상적인 일입니다. 그리고 세 번째 사람이 짜장면을 시키고 네 번째 사람도 짜장면을 시킵니다. 그러면 짬뽕을 시킨 사람은 고민에 빠지고 곧 "그럼 나도 짜장면."이라고 말하며 주문을 바꿉니다. 요리사의 일을 덜어 주기 위해서가 아니라, 모두 짜장면을 시키는데 자기만 짬뽕을 시키면 튀어 보일까 봐 걱정되기 때문입니다. 요즘에는 개인주의가 확산되어 이런 모습이 점차 줄고 있지만 한국 사회는 아직도 이 틀에서 크게 벗어나지 못하고 있습니다.

여학생들의 화장도 마찬가지입니다. 몇 년 전부터 중고등학교 여학생들의 화장이 눈에 띄게 진해졌습니다. 아침에 등교하는 여학생들을 보면 대부분 얼굴은 하얗고 입술은 빨갛지요. 이는 다른 나라에서는 찾아보기 힘든 일입니다. 제가 꽤 오래 거주한 프랑스, 1년 정도 지낸 뉴질랜드, 그리고 얼마 전에 방문한 일본과 중국에서도 보기 힘든 일이지요. 아이돌 그룹 때문일까요?

또 한 가지 특이한 점은 여학생들 대부분이 비슷한 방식으로 화장한다는 것입니다. 한국인 특유의 집단주의를 다시 한 번 확인할 수 있는 현상이지요. 한국의 여학생들은 다른 사람들이 하는 방식으로 화장하지 않으면 '모난 돌'이 되어 '정 맞을 것' 같은 불안감을 느끼는가 봅니다. 실제로 화장을 하지 않으면 친구들과 어울리지 못한다고 말하는 학생들도 적지 않습니다.

고려대학교 사회학과 김문조 교수 등이 집필한『한국인은 누구인가』에서 한국은 전형적인 집단주의 문화의 나라로 꼽힙니다. 이 책은 고려 광종이 과거제를 실시한 후 시작되어 500여 년 동안 조선을 지배해 온 유교를 한국 집단주의의 기원으로 봅니다. 그리고 한국인의 집단주의를 '사회관계 유지와 조화의 지향' '자기 억제와 은폐의 지향' '단점 수용과 자기 개선의 지향'이라는 세 가지 개념 틀로 설명합니다. 한국인은 자기의 내적 욕구나 속성보다는 타인과의 관계와 상황을 더 신경 쓴다는 점에서 사회관계의 유지와 조화를 지향하며 또 그것을 유지하기 위해 타인이나 환경보다는 자기 자신을 통제하려고 하다 보니 자기 억제와 은폐를 지향한다는 것이지요. 게다가 문제가 생기면 문제의 원인을 자신에게서 찾으려 하기 때문에 자신의 단점을 수용하고 개선하려는 경향이 짙다고 보았습니다.

이런 집단주의가 그 자체로 나쁜 것은 아닙니다. 1997년에 모든 사람이 집에 있는 금붙이를 들고 나와 외환위기를 극복하는 데 일조했던 것처럼 국가나 사회가 위험에 처했을 때 그것을 극복하게 해주는 순기능을 가지고 있습니다.

하지만 과도한 집단주의는 다른 집단에 대한 배타적인 태도를 조장하는 역기능도 가지고 있습니다. 게다가 개인의 개성과 창의력을 완전히 매몰시키고 서로 다른 특성을 가진 국내 외국인들을 동화시키려고 하지요. 그리고 이런 집단주의는 한국인의 독특한 민족의식과도 연결됩니다.

한국계 외국인에 민감한 사람들

2007년 4월 16일 오전, 미국 버지니아폴리테크닉주립대학교(버지니아 공대) 캠퍼스는 아수라장으로 변했습니다. 한 청년이 교내

기숙사와 강의실을 돌아다니며 무차별로 총을 난사해 범인을 포함한 서른세 명이 목숨을 잃었기 때문입니다. 이 사건은 미국 역사상 최악의 총기 살인 사건 중 하나로 기록되었습니다.

범인은 한국계 미국인 조승희였습니다. 그는 한국 국적을 가진 미국 영주권자였습니다. 만 일곱 살 때 미국으로 이주한 이민 1.5세 대였고, 범행 당시 버지니아폴리테크닉주립대학교 영문학과 4학년 학생이었지요.

이 사건이 터지자 국내 언론들은 빠르게 보도했습니다. 처음에는 2006년에 학생 비자로 입국한 중국계 남성이 범인으로 알려졌습니다. 그 소식을 들은 한국인들은 대수롭지 않게 여기거나 한국계가 아니라 천만다행이라고 생각했지요. 그런데 범인이 중국계가 아니라 한국계라는 사실이 알려지자 한국인의 반응은 완전히 달라졌습니다. 노무현 대통령은 이 사건을 보고받은 즉시 미국 정부에게 세 차례 깊은 애도의 뜻을 전하며, 부상자들의 쾌유를 기원한다는 전문을 보냈습니다. 이태식 주미 대사 역시 추모 예배에 참석해 "한국과 한국인을 대신해서 유감과 사죄를 표한다."라고 말했지요. 미국 내 한인들도 큰 충격에 빠졌습니다. 그들은 이 사건으로 미국 내 한국인의 이미지가 나빠지지는 않을까, 또 한인들에 대한 보복 살인이 발생하지는 않을까 걱정했지요.

그런데 미국의 반응은 뜻밖이었습니다. 이 사건을 한국과는 무관한 일, 즉 조승희라는 한 사람의 개인적 일탈로 규정한 것입니다.

그리고 이민자들을 미국 사회에 잘 적응시키지 못한 자신들의 정책을 탓했습니다. 오히려 이 사건에 대한 한국인의 과민 반응에 대해 의아해했지요. 《LA 타임스》가 "참사 직후 한인들의 촛불 예배 등의 과민 반응이 오히려 혼란을 야기하며 심지어 어떤 면에서는 조롱거리가 되고 있다."라고 지적할 정도였습니다.

이 비극은 한국인의 민족의식을 다시 한 번 돌아보게 만들었습니다. 한국인에게 민족은 혈통을 기반으로 하는 집단입니다. 그래서 조승희가 만 일곱 살에 미국으로 가 한국보다 미국에서 산 기간이 두 배 이상 길었는데도 그를 여전히 한민족으로 여긴 것이지요.

그런데 민족에 대해 깊이 연구한 저명한 학자들은 혈통을 민족의 구성 요소로 보지 않습니다. 1882년에 프랑스의 철학자 에르네스트 르낭은 민족을 '의지의 공동체'라고 정의했습니다. 개개인을 민족으로 묶는 요소는 오랫동안 세습된 특징들이 아니라 '과거에 대한 풍성한 추억과 현재의 공동생활이 지속되기를 바라는 의지'라는 것이지요. 또 1983년에 미국의 정치학자 베네딕트 앤더슨은 민족을 '상상의 공동체'라고 정의했습니다. 그는 '인쇄 자본주의' 덕분에 민족의식이 형성될 수 있었다고 보았습니다. 인쇄술이 발달하면서 지식인들이 민족을 공동체로 상상하게 만드는 글들을 많이 발표했고 그 결과 사람들이 민족을 마치 실재하는 것처럼 생각하게 되었다고 보았지요.

이처럼 한국인의 민족의식은 서양인의 민족의식과 큰 차이를 보입니다. 한국인은 민족을 혈연공동체로 보는 반면에 서양인은 의지의 공동체, 상상의 공동체로 보고 있으니 말입니다. 21세기 지구촌 시대를 맞아 다양한 민족이 점차 더 많이 교류하는 이 시점에서 우리의 독특한 민족 개념을 다시 한 번 되돌아볼 필요가 있지 않을까요?

다양성을 존중하지 않는 사회

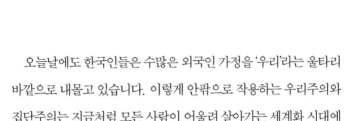

　오늘날에도 한국인들은 수많은 외국인 가정을 '우리'라는 울타리 바깥으로 내몰고 있습니다. 이렇게 안팎으로 작용하는 우리주의와 집단주의는 지금처럼 모든 사람이 어울려 살아가는 세계화 시대에는 적절하지 않습니다. 그런데 여러분은 세계화의 정확한 뜻을 알고 있나요?

　사람들은 대개 세계화와 국제화라는 말을 잘 구분하지 못합니다. 먼저 파리정치연구소의 실뱅 알르망 기자에 따르면 국제화 internationalization는 "국제 경제에 대한 개방 과정 혹은 서로 다른 행위자들 간의 협력 과정"을 의미합니다. 개방과 협력은 상품, 자본, 노동력과 같은 다양한 차원에서 이루어지지만 이것은 어디까지나 개별 국가의 영향력 안에서 이루어집니다. 즉 국제화는 국가 단위로 이뤄지기 때문에 세계를 단위로 삼는 세계화의 예비 단계인 셈입니다.

한편 세계화globalization는 '둥근 모양' '지구'를 의미하는 글로브globe에서 파생한 말입니다. 우리에게 잘 알려진 지구촌global village도 이 글로브에서 파생한 글로벌global로 만든 말이지요. 지구촌이라는 말을 처음으로 사용한 사람은 캐나다의 커뮤니케이션 이론가 마샬 맥루한으로 알려져 있습니다. 그는 『구텐베르크의 은하계』와 『미디어 이해하기』라는 책에서 어떻게 하면 기술을 통해 지구 전체가 하나의 마을처럼 연결될 수 있는지 설명하면서 이 용어를 사용했지요.

모든 사람을 연결하는
세계화

프랑스의 커뮤니케이션 이론가 도미니크 볼통에 의하면, 20세기 세계화는 정치세계화, 경제세계화, 문화세계화 순으로 실현되었습니다.* 이 세 가지는 '정치, 경제, 문화 등 사회의 여러 분야에

---

* 도미니크 불통 지음(김수노 역), 『또 다른 세계화』, 살림출판사(2012), 7-8쪽.

서 국가 간 교류가 증대하여 개인과 사회 집단이 갈수록 하나의 세계 안에서 삶을 영위해 가는 과정'이라는 세계화에 대한 정의 속에도 그대로 나타나지요.

세계화는 1990년대 중반까지는 비교적 긍정적인 의미로 사용되었습니다. 김영삼 정부가 세계화를 강조하며 국제이해교육을 권장한 것도 바로 이 시점이지요. 그런데 1997년의 아시아 금융 위기와 함께 세계화에 대한 부정적인 시각이 대두하기 시작했습니다. 2001년에만 세계화라는 용어를 사용한 기사 수가 5만 7235회였는데, 대부분이 부정적인 의미로 사용된 경우였습니다. 그래서 영국의 한 평론가는 "세계화가 유명해진 것은 바로 반反 세계화 운동 때문"이라고 비꼬아 말하기도 했지요.

세계화에 대한 학자들의 견해는 양분되어 있습니다. 일반적으로 경제학자와 신자유주의자들은 세계화를 옹호합니다. 이들은 자본주의 경제 질서 속에서 세계화는 불가피한 것이며 사람들이 이미 이 질서 속에서 살고 있다고 말합니다. 또 경제뿐만 아니라 통신, 정보, 교육, 관광, 문화에 이르기까지 전 세계가 단일생활권이 되었기 때문에 세계화를 엄연한 현실로 인정하고 각국은 여기에 적극 동참해야 한다고 주장하지요. 반면에 종속이론가와 비정부기구들은 세계화를 거부하는 경향을 보입니다. 이들은 "세계화는 미국 등을 중심으로 한 다국적 자본이 세계적인 규모로 저개발 경제를 지배하기 위한 국제적인 전략"이라고 말합니다. 실제로 세계화는 후진국의 경제 악화, 근로자의 복지 저하, 문화적 독점 가중, 환경 오염 및 파괴 등 여러 가지 문제를 야기했지요.

서울은
세계에서 가장 큰 시골

세계화는 긍정적이든 부정적이든 전 세계에 지대한 영향을 미치고 있는 것이 분명합니다. 세계화를 통해 지구상의 모든 문제는 상호연결되어 있고, 모든 나라는 상호의존적인 관계가 되었지요. 우리가 살고 있는 한국도 마찬가지입니다. 북핵 문제를 해결하기 위한 6자 회담, 한·미 자유무역협정, 싸이의 〈강남스타일〉 같은 케이팝의 열풍 등 그 예는 이루 셀 수가 없지요. 이제 우리의 도전은 이렇게 상호의존적이고 상호연결된 지구촌에서 어떻게 살아야 하는지를 이해하고 실행하는 것입니다.

그런데 한국은 세계화에 올바르게 대응하지 못하고 있는 것 같습니다. 이는 한국을 대표하는 도시인 서울만 봐도 알 수 있습니다. 조성관 기자는 『한국 엘리트들은 왜 교도소 담장 위를 건나?』라는 책에서 '서울은 세계에서 가장 큰 시골' '대충대충 문화의 뿌리' 등 쉰세 편의 글을 통해 한국 사회의 부정적인 면모를 냉철히 비판하고 그 대안을 제시했습니다. 그는 '서울은 세계에서 가장 큰 시골'

이라는 글에서 김포 공항을 "외국인은 죽었다가 깨어나도 자력으로는 통관할 수 없(는 곳)"이라고 표현했습니다. 요즘에는 많이 달라졌지만 공항 정식 안내 센터가 아닌 곳에서 외국인이 뭘 물으면 걸어가면서 대충 알려 주는 등 외국인에 대한 배려가 약하다는 점을 꼬집은 것입니다. 서울은 국제 행사 횟수만 보면 명실상부한 국제도시지만 실상은 전혀 그렇지 못하다는 말이지요.

실제로 한국인은 외국인을 어떻게 대하고 있을까요? 2009년에 《EBS》는 〈인간의 두 얼굴 II〉라는 다큐멘터리를 제작해 방영했습니다. 여기서 제작진은 트랜스윌 리랜드라는 캐나다 청년과 잔드라 구나완이라는 인도네시아 청년이 서울 강남의 거리에서 길을 물었을 때 한국인이 어떻게 반응하는지 살펴보았지요.

캐나다의 백인인 리랜드 씨에 대한 한국인의 태도는 매우 우호적이었습니다. 한 여학생은 서툰 영어로 열심히 길을 가르쳐 주었습니다. 중년 남성 두 명은 손짓까지 하며 도와주었지요. 세 명의 여학생은 지도까지 꺼내 보이며 상세히 가르쳐 주었고요. 이 세 명의 여학생 중 한 명은 "See you."라고 말하며 손 키스까지 보냈습니다. 이외에도 7~8미터 떨어진 정류장까지 가서 버스 정류장 수를 알아 오는 정성을 보인 직장인 남자, 도움을 요청하지 않는데도 자발적으로 다가와 도움을 주고 지하철역까지 동행한 두 명의 여성 등 대부분의 사람들이 리랜드 씨에게 엄청난 호의를 베풀었습니다.

반면에 똑같은 거리에서 길을 묻는 인도네시아의 구나완 씨를 향한 태도는 차갑기 짝이 없었습니다. 영어를 모른다는 이유로 거절한 여성, 약간 머뭇거리다가 대꾸도 않고 그냥 지나간 중년 남성, 팔짱을 낀 채 쌀쌀맞게 지나가는 여성 등 대부분 무표정으로 구나완 씨를 지나쳤습니다. 그 결과 구나완 씨는 한 시간째 지도를 들고 서성거릴 수밖에 없었습니다.

이에 대한 시청자들의 의견은 분분했습니다. 누군가는 두 사람의 외모 차이를 원인으로 지적했습니다. 리랜드 씨는 키가 크고 잘생겼지만 구나완 씨는 키가 작고 못생겼기 때문에 그런 상반된 결과가 나왔다고 말이지요. 외모가 실험 결과에 영향을 끼치는 것은 사실이지만 그것은 어디까지나 근본적인 원인이라기보다 해명이나 변명에 가까워 보입니다. 또 어떤 사람은 방송이 구나완 씨에 대한 사람들의 태도를 지나치게 과장했다고 지적했습니다. 실제로 구나완 씨는 실험 중에 길을 가르쳐 준 사람도 있었다고 했습니다. 하지만 리랜드 씨를 도와준 사람들의 수에 비하면 그 수가 훨씬 적었던 것은 분명합니다.

근본적인 원인은 '피부색'으로 보입니다. 한국에서 가장 번화한 도시이자 수도인 서울 사람들의 태도가 상대방의 피부색에 따라 달라진 것입니다. 보통 한국인은 피부색에 따라 이중적인 태도를 보입니다. 백인에게는 비굴할 정도로 친절하지만 황인이나 흑인에게는 냉담하기 짝이 없지요. 우리를 더욱 슬프게 하는 것은 이런 이중적인 태도를 보이는 사람들이 다 초등학교, 중학교, 고등학교, 대학교에서 교육받았다는 점입니다. 이러한 사실은 교육자 중 한 명인 저에게 자괴감을 느끼게 합니다. '우리가 그토록 자랑해 온 교육이 결국 피부색으로 사람을 차별하게 하는 것이었구나.' 하고요. 이런 극심한 인종주의가 잔존하는 한 '서울은 세계에서 가장 큰 시골'로 남을 수밖에 없습니다. 그런데 이런 시골에서 2002년부터 2015년까지 "Hi, Seoul."이라는 구호를 사용했다는 것은 어떻게 바라봐야 할까요?

▶▶

아직도 **국민 시대를**
고수하는 유별난 나라

한국인은 '여왕'이나 '황제'라는 말을 참 많이 씁니다. 박세리를
골프의 여왕이라 부르고 김연아를 피겨의 여왕이라고 부르는 식으
로 말이지요. 스포츠계뿐만 아니라 가요계의 여왕, 전통 가요의 여
왕, 리사이틀의 여왕, 댄스의 여왕 등 어느 한 분야에서 조금만 뛰
어나면 모두 여왕이라는 거창한 칭호를 붙입니다. 남자에게는 황
제라는 칭호를 붙이지요. 가요계의 황제, 트로트의 황제, 발라드의
황제 등은 우리에게 아주 친숙한 호칭입니다.

한국인은 왜 이렇게 여왕이나 황제라는 말을 많이 사용할까요?
한반도의 마지막 여왕인 진성여왕이 죽은 지는 1000년이 넘었고,
마지막 황제인 순종황제가 죽은 지도 90년이 넘었는데 말이지요.
시간만 오래된 게 아닙니다. 진성여왕은 한국인의 기억 속에 거의
존재하지 않는 사람입니다. 순종황제도 마찬가지지요. 순종황제

는 재위 기간이 4년(1907-1910)밖에 되지 않는 데다 실권도 거의 없었습니다. 그래서인지 여왕이나 황제라는 단어를 사용하는 사람들 중 이 단어를 통해 진성여왕이나 순종황제를 떠올리는 사람은 거의 없습니다. 그렇다고 유명한 역사적 인물인 선덕여왕 혹은 고종황제를 떠올리는 사람 또한 없지요.

한국인이 사용하는 여왕이나 황제라는 단어는 특정 인물이라기보다 과거 왕조에 대한 향수와 영웅주의가 결합한 것으로 보입니다. 그래서 비인기 종목이던 피겨를 단숨에 인기 종목으로 만들고, 피겨스케이팅 부문 올림픽 금메달을 최초로 한국에 안겨준 김연아를 영웅으로 치켜세우며 여왕이라고 부르는 것이지요. 하지만 이러한 호칭 자체에는 거부감이 느껴지기만 합니다.

한편 한국인은 국민 여동생, 국민 남동생, 국민 배우, 국민 가수, 국민 MC 등 '국민'이라는 말도 참 많이 씁니다. 이는 국가주의의 영향으로 해석할 수도 있습니다. 국가주의는 '국가의 공동체적 이념을 강조하고 그 통일, 독립, 발전을 꾀하는 주의'를 말합니다. '국민교육헌장'과 '국기에 대한 맹세'를 통해 한국인의 머릿속에 주입되었지요. 국민교육헌장의 중간에 나오는 "나라의 발전이 나의 발전의 근본"이라는 구절은 이런 국가주의를 아주 단적으로 보여 줍니다. 국기에 대한 맹세도 비슷한 맥락에서 이해할 수 있습니다. 2007년 이전의 맹세문에 있던 "조국과 민족의 무궁한 영광을 위하여 몸과 마음을 바쳐"라는 구절은 일본의 가미카제*를 떠올리게 하지요. 다행하게도 지금은 이러한 구절들이 수정되었지만 한국인의 뇌리 속에 박힌 국가주의는 여전히 수정되지 않고 있습니다.

　문제는 오늘날처럼 모든 국가가 서로 연결되고 민주주의가 확산된 사회에서도 예전처럼 맹목적인 국가주의에 매달리는 현상입니다. 왜 사회학자 송호근 교수가 『나는 시민인가』에서 "전 세계 74퍼센트의 시장과 관세 장벽을 튼 한국은 아직도 '국민 시대'를 고수하는 유별난 나라"라고 했는지 곰곰이 생각해 볼 일입니다.

＊ 제2차 세계대전 때 폭탄이 장착된 비행기를 몰고 자살 공격을 감행한 일본군 특공대.

2부

/

차이의 기준,
단일함이라는 허상

/

'한민족은 단일민족'이라는 생각은 얼마나 오래된 것일까요? 민족 개념이 출현한 시기나 '민족' '단일민족'이라는 단어가 사용된 흔적을 조사해 보면, 이 '오래전'이 100년 정도밖에 되지 않았음을 알 수 있습니다. 한민족의 역사를 5000년이라고 한다면 극히 최근의 일인 셈이지요.

우리는 언제부터 **단일민족**이었을까?

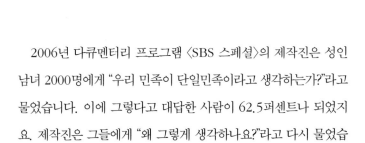

2006년 다큐멘터리 프로그램 〈SBS 스페셜〉의 제작진은 성인 남녀 2000명에게 "우리 민족이 단일민족이라고 생각하는가?"라고 물었습니다. 이에 그렇다고 대답한 사람이 62.5퍼센트나 되었지요. 제작진은 그들에게 "왜 그렇게 생각하나요?"라고 다시 물었습니다. 그러자 대부분의 사람들은 이렇게 대답했습니다. "그냥 오래 전부터 간직해 온 생각입니다."

'한민족은 단일민족'이라는 생각은 얼마나 오래된 것일까요? 민족의 개념이 출현한 시기나 '민족' 혹은 '단일민족'이라는 단어가 사용된 흔적을 조사해 보면, 이 '오래전'은 불과 100년 정도밖에 되지 않았음을 알 수 있습니다. 한민족의 역사를 5000년이라고 본다면 극히 최근의 일인 셈이지요.

민족을 정의하는 데
혈통과 혈연이 중요할까?

일단 앞에서 살펴본 민족이라는 개념을 좀 더 자세히 알아보겠습니다. 대부분의 학자는 이 개념이 출현한 시기를 19세기 말로 보고 있습니다. 이와 관련해 가장 많이 언급되는 학자는 앞에서 이미 등장한 프랑스의 사상가 르낭입니다. 그는 1882년 소르본 대학에서 〈민족이란 무엇인가?〉라는 강연을 통해 다음과 같이 주장했습니다.

> 각 민족 국가의 개체성이 종족, 언어, 역사, 종교에 의해 구성되었음은 의심할 여지가 없습니다. 그러나 그것은 또한 한 국가의 여러 주들이 함께 살고자 하는 의지, 동의라고 하는 더 중요한 것에 의해 구성된 것입니다.*

이후 사람들은 민족을 '의지의 공동체'라고 부르기 시작했습니다. 한편 미국의 정치학자 앤더슨은 민족을 제한되고 주권을 가진 것으로 상상되는 정치 공동체**로 보았습니다. 국내 사전에 따르면

---

* 에르네스트 르낭 지음(신행선 역), 『민족이란 무엇인가』, 책세상(2002), 105-106쪽.
** 베네딕트 앤더슨 지음(윤형숙 역), 『상상의 공동체』, 나남(2002), 25쪽.

'민족'은 '일정한 지역에서 오랜 세월 동안 공동으로 생활하면서 언어와 문화상의 공통성에 기초하여 역사적으로 형성된 사회 집단'입니다. 즉 사전에서 민족을 정의하는 조건에 지역, 언어, 문화, 역사는 포함되지만 혈연이나 혈통은 포함되지 않는 것입니다. 하지만 한국인의 머릿속에는 혈연이나 혈통이 엄연히, 아니 오히려 다른 요소보다 우세하게 존재하고 있지요.

한국에서 민족이라는 단어가 처음 사용된 것은 1904년입니다. 한양대학교 사학과 박찬승 교수에 따르면, 일본이 '국민' '국가'를 뜻하는 영어 'nation'을 민족으로 번역한 것이 한국에 그대로 들어왔다고 합니다. 실제로 근대 이전에는 한국이나 중국에서 민족이라는 단어를 사용한 적이 없습니다. 물론 겨레나 동포처럼 비슷한 의미를 가진 단어들은 있었습니다. 15세기 문헌에 따르면, 겨레는 주로 가문이나 일가족을, 동포는 한 부모에게서 태어난 형제자매를 가리켰습니다. 두 단어 모두 민족보다 훨씬 좁은 의미였지요.

다시 박찬승 교수의 말을 인용하면, '단일민족'이라는 단어는 이광수가 1933년에 쓴 「조선민족론」에 처음으로 등장합니다. 이광수는 이 짧은 논문에서 "조선 민족이 혈통적으로, 문화적으로 대단히 단일한 민족이라는 것은 우리 조선인 된 이는 누구나 분명히 의식하여 일점의 의심도 없는 바다."라고 밝혔습니다. 그런데 그는 이 논문에서 한민족을 '대단히 단일한 민족'이라고 했지, 결코 '단일민족'이라고 단정하지는 않았습니다. 그리고 일본이 내선일체 정책을 펴면서 조선인이 단일민족이라는 말은 아예 사라졌지요.

이 말이 다시 등장한 것은 해방 이후입니다. 1945년에 열린 모스크바삼국외상회의에서 신탁 통치가 결정되자 이에 반대하는 사람들이 한민족은 단일민족이라는 점을 강조했지요. 그러다가 1948년 정부 수립 이후에 분단된 조국을 통일해야 한다는 주장과 함께 단일민족론을 다시 꺼내 들었습니다. 그리고 1960년대 말부터 실시한 민족을 강조하는 교육이 한국인을 단일민족으로 믿게 만드는 데 크게 기여했지요.

국민교육헌장에 의해 강조된
민족의식

우리는 민족중흥의 역사적 사명을 띠고 이 땅에 태어났다. 조상의
빛난 얼을 오늘에 되살려, 안으로 자주독립의 자세를 확립하고,
…… 반공 민주 정신에 투철한 애국 애족이 우리의 삶의 길이며,
자유 세계의 이상을 실현하는 기반이다 …….

_국민교육헌장 전문 中

1968년, 박정희 대통령은 '국민교육헌장'을 반포했습니다. 국민교육헌장은 일종의 교육 장전으로, 교과서나 참고서의 첫 장을 장

식하다가 1994년에 폐기되었습니다. 그동안 공교육 기관에서 교육받은 사람들이라면 이 헌장 전문을 무조건 외워야만 했습니다. 국민교육헌장을 외우게 하는 것은 담임 교사의 주된 임무 중 하나였지요. 당시 학생들은 외우는 도중에 막히면 처음부터 다시 외우거나 손바닥을 맞았습니다. 그래도 안 되면 걸상을 들고 벌을 서거나 심지어 부모님을 모셔 오기도 했습니다. 무슨 큰 죄라도 진 것처럼 말이지요.

그런데 당시 학생들이 국민교육헌장에 나오는 용어들을 제대로 이해하기는 했을까요? 아마 그렇지 않았을 겁니다. 민족, 중흥, 사명, 독립, 공영, 약진, 공익, 실질, 숭상, 경애, 신의 등은 오늘날의 어른들에게도 어려운 단어거든요. 그럼에도 대부분의 학생들은 수십 년이 지나서도 헌장의 첫 줄을 줄줄 외울 정도로, 암송을 강요받았습니다.

국민교육헌장을 반포하는 날은 참으로 거창하고 엄숙했습니다. 1968년 12월 5일자 《경향신문》 기사에 따르면 박정희 대통령은 이날 9시 30분에 대법원장, 국회부의장, 국무위원 전원, 지방장관, 외교사절, 사회단체대표, 헌장심의위원, 학생, 시민 등 3000여 명의 사람들을 모두 기립시킨 채 이 헌장을 직접 낭독했다고 합니다. 또 문교부* 장관은 "민족중흥의 대과업을 완수하기 위해서는 물량

---

* 지금의 교육부.

적인 경제 성장과 더불어 개인의 창의와 정신력이 필요한 새로운 국민상이 필요하다."라고 말하며 지난 다섯 달 동안 여섯 차례에 걸쳐 초안을 수정한 과정을 보고했지요.

당시 정권이 이같이 국민교육헌장을 제정한 것은 해방 후의 한국 교육이 분명한 철학이나 이념 없이 대충 이루어지고 있다고 보았기 때문입니다. 좀 더 자세히 설명하자면, 첫째 조상의 훌륭한 전통과 유산이 계승·발전되지 못하고, 둘째 물량적 발전과 정신적 가치관이 조화를 이루지 못하고, 셋째 국민의 국가 의식이 결여되어 민족 주체성이 약하고, 넷째 교육 지표가 불분명해 학교 교육에서 정신적·도덕적 교육이 소홀히 되고 있다고 판단해 헌장을 만든 것이지요. 그래서 이 헌장을 통해 한민족의 긍지와 사명감을 세우고, 바른 생활 규범을 확산시키며 조국의 통일과 민주주의의 발전을 강조해 새로운 국민상을 만들어 내려고 했던 것입니다.

해방 후 한국인들은 물질적으로 풍요로워지면서 전혀 다른 생활 방식을 찾았습니다. 한복 대신 양복을 입고, 막걸리와 함께 양주를 즐겨 마시며, 한옥을 버리고 양옥이나 아파트로 이사를 가면서 자신들의 전통과 문화를 하나둘씩 버렸지요. 이 과정에서 한국인의 의식은 통제하기 쉬운 집단주의에서 통제하기 힘든 개인주의로 옮겨 갔습니다. 1960년대 초, 경제 개발 5개년 계획을 제시하고 경제 성장을 독려하던 정부 입장에서 한국인의 이런 모습은 결코 좋게 보일 리 없었을 겁니다.

이런 정부의 입장을 고려하면 국민교육헌장의 구상과 반포는 어느 정도 이해가 됩니다. 문제는 이 헌장이 민족을 지나치게 강조했다는 데 있습니다. 개인에게 민족중흥이라는 엄청난 사명을 부여함으로써 개인은 민족을 위해서라면 무엇이라도 할 수 있고 또 해야 한다고 생각하게 만들었기 때문입니다. 그 결과 오늘날 한국인은 개인을 욕하는 것보다 민족 차원에서 욕하는 것에 더 예민하게 반응하게 되었지요.

무엇보다 국민교육헌장 반포의 영향으로 교과서에서는 단일민족이라는 단어가 빈번하게 등장했습니다. 얼마 전에 들어와서야 단일민족이라는 잘못된 고정관념을 심어주고, 다른 민족에 대해 배타적인 태도를 갖게 만든다는 점을 근거로 삭제 및 수정되었지요.

조국과 민족을 위해
몸과 마음을 바치는 사람들

민족의식을 고취하기 위해 내린 두 번째 교육적 조치는 '국기에 대한 맹세'입니다. 1968년에 충청남도 교육위원회가 처음으로 작성해 보급했고, 1972년에 문교부가 전국적으로 확대 시행하면서 국기에 대한 맹세는 본격적으로 시행되었습니다. 1972년 8월 9일자 《동아일보》는 국기에 대한 맹세의 제정에 대해 다음과 같이 적었습니다.

> 9일 문교부는 국기에 대한 교육을 강화하기 위해 '국기에 대한 맹
> 세'를 제정, 앞으로 각급 학교의 모든 행사에서 학생과 교직원들
> 이 암송, 국기에 대한 존경심을 높이도록 했다. 문교부는 이 '맹세'
> 의 보급을 계몽 및 암송 단계(72년 8월부터 73년 2월까지)와 묵송 단
> 계(73년 3월 이후)로 나누어 실시, 초중고교는 대표 학생 선창에 따
> 라 부르고 대학은 대표 학생 선창에 따라 마음속으로 암송토록 했
> 다. 맹세문은 다음과 같다. "나는 자랑스런 태극기 앞에 조국의 통
> 일과 번영을 위하여 정의와 진실로서 충성을 다할 것을 다짐합니
> 다."

기사에서는 '국기에 대한 존경심'이라고 표현했지만 사실 그것은
국가에 대한 복종, 더 정확하게 말하면 정권에 대한 복종을 강요한
의례였습니다.

이후 1980년에는 국무총리 지시로 국기에 대한 경례를 할 때 국
기에 대한 맹세를 병행하도록 했습니다. 그 결과 당시 학생들은 국
기에 대한 맹세와 국기에 대한 경례를 당연하게 여겼습니다. 현재
50~60대 사람들이라면 국기 계양식과 하양식을 잘 기억하고 있을
겁니다. 하양식은 하절기에는 오후 여섯 시에, 동절기에는 오후 다
섯 시에 실시했는데, 운동장에서 축구를 하거나 고무줄을 넘다가

도 어디선가 많이 듣던 선율이 들려오면 하던 것을 멈추고 국기를 향해 부동 자세를 취해야 했습니다. '조국과 민족'을 위해 '몸과 마음을 바쳐 충성을 다할 것'을 다짐하면서 말이지요.

날마다 민족에 대한 충성을 다짐한 사람은 자연스레 민족을 중요하게 생각합니다. 즉 국기에 대한 맹세는 개개인을 국가와 민족을 위해서라면 무엇이라도 할 수 있는 맹목적인 인간으로 만들 수 있었습니다. 그리고 다른 국가와 민족에게는 배타적인 태도를 취하도록 했지요. 단일의식을 키운 것입니다.

다행히도 이 무시무시한 맹세는 2007년에 노무현 정권이 들어서면서 대폭 수정되었습니다. 당시 행정자치부는 문법에 맞지 않는 '자랑스런'을 '자랑스러운'으로, 세계화의 흐름에 맞게 '조국과 민족'은 '자유롭고 정의로운 대한민국'으로 바꿨습니다. '몸과 마음을 바쳐'라는 문구는 애국심을 강요한다는 이유로 아예 삭제했지요. 그래서 지금의 "나는 자랑스러운 태극기 앞에 자유롭고 정의로운 대한민국의 무궁한 영광을 위하여 충성을 다할 것을 굳게 다짐합니다."라는 국기에 대한 맹세가 만들어졌습니다.

그런데 한국처럼 이런 맹세를 공식적으로 실시하는 나라는 거의 없습니다. 미국을 제외한 대부분의 민주주의 국가에서는 찾아볼 수 없는 일이지요. 물론 중세 유럽에서는 국왕이나 영주에게 충성을 맹세했습니다. 제2차 세계대전을 일으킨 독일이나 이탈리아 같은 전체주의 국가에도 비슷한 의례가 있기는 했지요. 물론 지금은 모두 사라졌습니다. 한국만 여전히 국가와 국기에 대한 충성을 맹세하라고 강요하는 것입니다. 이 맹세를 거부하면 반민족주의자, 종북론자 등으로 매도하면서 말이지요.

맹세와 경례에 익숙한 우리는 이에 대해 별다른 거부감이나 저항감을 가지고 있지 않지만 이 땅에 들어온 외국인들은 그렇지 않습니다. 만약 한국으로 귀화한 사람들에게 이전에는 한번도 해본 적이 없는 국기에 대한 맹세와 경례를 하라고 한다면 그들은 어떻게 느낄까요?

우리 고유한 것들의 가치는 언제 부각됐을까?

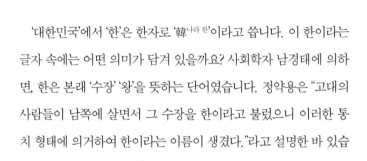

　'대한민국'에서 '한'은 한자로 '韓^{나라 한}'이라고 씁니다. 이 한이라는 글자 속에는 어떤 의미가 담겨 있을까요? 사회학자 남경태에 의하면, 한은 본래 '수장' '왕'을 뜻하는 단어였습니다. 정약용은 "고대의 사람들이 남쪽에 살면서 그 수장을 한이라고 불렀으니 이러한 통치 형태에 의거하여 한이라는 이름이 생겼다."라고 설명한 바 있습니다.

　실제로 한이라는 명칭은 한국뿐만 아니라 동북아시아 전역에서 널리 쓰이던 말입니다. 가장 대표적인 예로는 몽골의 칭기즈 칸^{Chingiz Khan, Genghis Khan}이 있지요. 칭기즈 칸을 한자음대로 읽으면 성길사한^{成吉思汗}입니다. '칸'을 오랑캐 추장을 의미하는 '한^汗' 자로 옮긴 것이지요. 어원 사전에 의하면 칸^{Khan}은 '지배자' '군주'를 의미하는 터키어 극한^{khaqan}의 줄임말입니다. 그렇다면 칭기즈 칸에서 Chingiz나 Genghis는 무슨 의미일까요? 이에 대한 학설은 분분한데, 대부분은 '대양의' '넓게 퍼진'이라는 터키어 텡기스^{tenggis}에서 유래했다고 봅니다. 실제로 몽골 사람들은 바이칼 호수나 대양과 같이 넓은 지역을 텡기스라고 부르지요. 종합해 보면, 칭기즈 칸은 '넓은 지역을 다스리는 수장' '만인의 지배자'라는 뜻이고 한汗, 칸^{Khan}은 한韓과 그 의미가 같다고 할 수 있습니다.

근대 이후부터
국호로 사용된 韓

한韓은 점차 나라 또는 민족의 이름으로 쓰이기 시작했습니다. 기원전 1세기부터 기원후 3세기까지 존속한 삼한三韓, 즉 진한辰韓, 마한馬韓, 변한弁韓의 이름에서도 이를 찾아볼 수 있습니다. 삼한의 지리적 위치에 대해서는 여러 가지 설이 있으나 대개 마한은 경기·충청·전라도 지역에, 진한과 변한은 경상도 지역에 있었던 것으로 보입니다.

한이 다시 나라 이름으로 사용된 것은 1897년입니다. 고종황제는 그해 10월 13일에 국호를 '대한大韓'으로 선포했습니다. 『고종실록』 36권에도 "단군과 기자 이후로 강토가 분리되어 각각 한 지역을 차지하고는 서로 패권을 다투어 오다가 고려 때에 이르러서 마한, 진한, 변한을 통합하였으니 이것이 삼한을 통합한 것이다."라는 설명과 함께 국호를 대한으로 정한다는 말이 덧붙여 있지요. 사실 대한이라는 국호는 일본의 입김이 작용한 이름이었습니다. 당시 일본은 조선 내 중국의 영향력을 없애고, 조선을 일본의 속국으로 만들기 위해 조선이라는 국호와 무관한 새로운 국호를 요구했습니다. 이에 고종 휘하 군신들은 고대 역사에 주목했습니다. 조선을 멸망시킨 고려의 국호를 따다 쓸 수도 없고, 분열된 시대인 삼국시대의 국호를 쓸 수도 없었기 때문이지요. 그래서 떠올린 것이 앞서 말한 '한'이라는 명칭이었고, 그 앞에 '큰'을 의미하는 '대大' 자를 붙여 국호를 완성했습니다.

이렇게 탄생한 대한 제국은 1910년 8월에 국권이 피탈될 때까지 존속했습니다. 그러나 대한 제국은 일제의 강압으로 만들어진 체제였고 표면적으로는 독립 국가였지만 실제로는 준식민지 국가였습니다. 게다가 두 명의 황제를 내고는 곧 일제에 합병돼 버렸기 때문에 유명무실한 왕조였지요. 그래서 일제 합병 후 대한 제국이라는 국호는 버려졌고 다시 조선이라는 이름이 사용되었답니다. 이렇게 일제에 의해 강요되고 다시 팽개쳐진 대한이라는 이름은 대한大恨, 즉 크게 한탄할 만한 국호라 할 수 있었습니다.

이후 임시 정부는 1919년 4월 11일에 대한 제국에서 '제帝'를 '민民'으로 바꾸어 대한민국이라는 호칭을 만들었습니다. 그리고 1948년

7월 17일에 공포된 『대한민국 제헌 헌법』의 헌법 전문과 제1조에 대한민국을 국호로 명시했습니다. 오늘날 '한국'이라고 부르는 이름은 이 대한민국을 줄여 부르는 말이랍니다.

양복 때문에 생긴
한복이라는 이름

한복은 두말할 것 없이 한국의 고유한 옷입니다. 한민족이 오래전부터 입어 온 옷을 통칭하지만, 오늘날 우리가 말하는 한복은 특히 조선인이 즐겨 입던 옷 형태를 가리키지요. 그렇다면 '한복韓服'은 언제 생긴 말일까요? 이 질문에 대답하려면 먼저 '양복洋服'에 사용하는 '양洋'이라는 말이 언제부터 사용되었는지 살펴볼 필요가 있습니다.

중국인들은 13세기부터 자국을 중심으로 서쪽은 서양, 동쪽은 동양이라고 불렀습니다. 자기들이 세상의 중심국, 즉 중국中國에 살고 있다고 생각하면서 말이지요. 이러한 중국인들이 서양인을 혐오하기 시작한 것은 1840년에 발발한 아편 전쟁 이후입니다. 중국인이 서양인을 '양이洋夷'라고 부른 것도 바로 이때부터지요.

당시 조선은 중국의 영향을 지대하게 받았기 때문에 서양과 서양인에 대해 중국과 비슷한 생각을 가졌습니다. 그래서 1866년에 프랑스가 강화도를 침범한 것을 병인양요, 1871년에 미국이 강화도 해협을 침범한 것을 신미양요라 불렀을 뿐만 아니라 1871년에 척화비까지 세우면서 서양인을 향한 혐오감을 강하게 드러냈습니다.

이러한 서양인 혐오증은 1882년에 맺은 조미수호통상조약을 계기로 점차 완화되었습니다. 그리고 조선인들은 서양인이 가져온 신기한 물건들에 큰 관심을 보이기 시작했지요. 그 물건들은 조선에 없거나 조선의 것보다 훨씬 좋은 것들이었습니다. 사람들은 이 물건들에 '양' 자를 붙여 부르기 시작했습니다. 양은, 양철, 양초, 양복, 양식과 같은 단어들이 다 그렇게 생긴 단어들입니다. 당시 양이라는 말은 새로운 것을 가리키는 '신新' 자와 거의 동의어처럼 쓰였지요.

이렇게 서양인의 물건에 양을 붙이면서, 조상 대대로 사용해 온 물건에도 붙일 말이 필요해졌습니다. 바로 '한韓'입니다. 한복, 한식, 한옥, 한의학 등이 모두 이즈음 만들어진 말이지요. 한복 복식 연구가 김여경의 연구에 의하면, 『고종실록』에서는 우리의 전통 의복을 '아국복我國服'이라고 했지 한복이라고는 하지 않았습니다. 한복이라는 용어는 『정치일기』에 처음으로 등장합니다.* 이 책은 1865년

---

* 김여경, 「2000년 이후 인쇄 매체에 나타난 한복의 조형미 연구」, 이화여자대학교 박사학위논문(2010), 6-7쪽.

부터 1884년까지 조정에서 일어난 잡다한 사실을 기록한 것입니다. 하지만 이 일기의 제작 시기가 분명치 않아 한복이라는 말이 사용되기 시작한 시기는 단언하기 어려운 실정이지요. 다만 한복이 1880년대 개항기에 중국, 일본, 서양 등의 외국 옷과 우리 전통 의복을 구분하기 위해 등장한 단어라는 사실만큼은 분명합니다.

오늘날 한국인은 한복을 어느 정도 자주 입을까요? 과거에는 돌잔치, 환갑잔치와 같은 가족 행사나 설, 추석 등과 같은 명절에 자주 입었지만 이제는 그나마도 입는 사람이 줄어들고 있습니다. 반면에 중국, 일본, 베트남 등 이웃 나라에서는 양복도 많이 입지만 치파오, 기모노, 아오자이와 같은 전통 옷도 여전히 즐겨 입습니다. 그들과 비교해 보면 한국인은 자기 전통을 다소 쉽게 버리는 사람들이라고도 할 수 있지요.

한편 한국인은 자신들이 즐겨 입지 않는 한복을 외국인에게는 입히려고 듭니다. 외국인을 대상으로 한국 문화를 가르칠 때면 거의 예외 없이 한복에 대해 가르치고, 명절에는 여성 결혼 이민자들에게 한복을 입히고 윷놀이를 시킵니다. 자신들은 한복을 입지 않고 윷놀이도 하지 않으면서 말이에요. 한복을 두고 자기 입으로 자기 옷이라고 말하면서도 정작 자신은 입지 않고 외국인들에게만 입히려는 이 모습을 어떻게 이해해야 할까요?

20세기에 들어서야 인정받은
한글

한국의 공휴일은 신정, 설날, 삼일절, 석가탄신일, 어린이날, 현충일, 광복절, 개천절, 추석, 한글날, 성탄절 등으로 모두 열한 가지나 됩니다. 이 중에는 다른 나라에는 없는 특이한 날이 있습니다. 바로 한글날이지요. 한글날은 글자 그대로 한글을 만들고 반포한 것을 기념하는 날입니다. 다른 나라들은 자기 글이 언제 만들어졌는지 정확히 모르기 때문에 한국처럼 기념일을 제정할 수 없습니다. 영어 알파벳이 언제 만들어졌는지, 중국 한자가 언제 만들어졌는지, 일본 히라가나와 가타카나가 언제 만들어졌는지 정확한 기록이 전해지지 않기 때문입니다. 이에 반해 한글은 세종에 의해 1443년 12월에 만들어졌고 1446년 9월에 '훈민정음'이라는 이름으로 반포되었다는 정확한 기록이 있지요.

이렇게 자기 글을 만든 날을 공휴일로 삼는 것을 보고 외국 사람들은 한국 사람들이 자기 글을 대단히 사랑하는 것으로 여길 겁니다. 하지만 실상은 다릅니다. 한글은 그동안 한자의 위세에 짓눌려 숨도 제대로 쉬지 못하다가 요즘에는 영어에 밀려나고 있습니다.

제가 사는 아파트만 해도 그렇습니다. 옛날에 이곳은 배꽃이 많아 멀리서 보면 마치 우물처럼 보인다고 해서 '花꽃 화'와 '井우물 정'을 합해 花井화정이라고 불렀습니다. 그런데 몇 해 전에 새롭게 아파트 이름을 공모했는데 그 결과 '플라웰'이 선정되었습니다. 플라웰은 꽃을 의미하는 'flower'에서 'flo'를 따와 우물을 의미하는 'well'에 붙여 만든 말이지요. 한국인도 모르고 미국인도 모르는 '플라웰'이라는 사생어死生語가 아파트 이름으로 탄생한 순간입니다.

한국인이 한글을 무시하는 것은 어제오늘의 일이 아닙니다. 한글은 훈민정음, 즉 '백성을 가르치는 바른 소리'로 태어났습니다. 한글을 만든 세종은 『월인천강지곡』*을 통해 알 수 있듯이 한글로 시와 노래를 지었을 뿐만 아니라, 한문으로 된 노래와 시를 한글로 번역해 『두시언해』**를 편찬하는 등 여러 가지 노력을 기울였습니다. 하지만 한글은 세조가 등극한 이후 천덕꾸러기로 전락했습니다. 세조 때 불경을 번역하고 간행하는 간경도감을 설치하고 불경을 한글로 번역하려 했지만 억불숭유 정책 때문에 모든 계획이 수포로 돌아갔지요. 연산군 때는 갑자사화***로 학자들이 떼죽음을 당했는데 이때 불똥이 엉뚱하게 튀면서 한글이 법으로 금지되기까지 했습니다.

한글은 『세종실록』에 나오는 '언문 28자'라는 구절 때문에 언문諺文으로 불리기도 했습니다. 언諺은 '속된' '상스런'이라는 뜻으로 언문

---

* 세종이 1449년에 지은 불교 찬가.
** 중국 당나라 때의 시인 두보의 시 전편을 한글로 번역한 시집.
*** 1504년 연산군의 어머니 윤씨의 복위 문제에 얽혀서 일어난 사화.

은 상당히 모욕적인 이름이었습니다. 조선 전기에 활동한 당대 최고의 어문학자 최세진이 사용한 반절[反切]이라는 말도 마찬가지였습니다. 반절은 예를 들어 '쟉' 자의 음을 '職略切[직략절]'로 표시하는 것을 말합니다. 직[職]에서 초성 ㅈ을 따서 략[略]의 중성과 종성 ㅑ에 붙여 표시하는 것이지요. 즉 반절은 표기 방식에 관한 것이었습니다. 한글을 하나의 문자로 보기보다 표기 방식의 수단으로 사용한 것이지요.

언문이라는 이름은 1894년 갑오개혁 때 '국문'으로 바뀌었습니다. 이로써 '상스런 말'에서 '나라의 말'로 격상되긴 했지만, 한글은 여전히 제 이름을 갖지 못한 상태였습니다. '한글'이라는 이름을 처음으로 사용한 사람은 주시경 선생입니다. 1910년대에 주시경 선생 등 몇몇의 국어학자들이 '크다' '하나'를 뜻하는 고유어 '한'을 붙여 한글을 '큰 글' '하나밖에 없는 글'이라는 뜻으로 부른 데서 비롯되었지요.

1946년에 법정 공휴일로 지정된 한글날은 한때 단순한 기념일로 격하되기도 했습니다. 그러다가 2006년에 들어서야 다시 국경일이 되었고, 2012년에 법정 공휴일로 부활했지요. 그럼에도 한국인의 한글을 향한 사랑은 점점 식어 가고 있습니다. 참고로 프랑스는 1994년에 투봉법을 만들어 자국 내 모든 상품과 서비스 광고에 반드시 프랑스어를 쓰도록 했답니다. 한글날까지 만든 우리는 왜 이렇게 하지 못하는 걸까요?

전통이란 영원히 변하지 않는 걸까?

한국의 장례 문화는 수십 년 동안 참 많이 변했습니다. 20~30년 전만 해도 병원에서 죽으면 객사라 하여 임종 직전에는 병자를 집으로 데려갔지만, 요즘에는 집에서 죽은 사람도 병원에 안치해 장례식을 치르지요. 또 예전에는 조문객들이 상주의 슬픔을 달래기 위해 같이 밤을 새웠지만 지금은 이렇게 하는 조문객을 보기 힘들 뿐더러 이를 원하는 상주도 많지 않습니다.

그리고 오늘날의 장례식장은 상당히 다문화적인 공간입니다. 장례식장에 들어서는 순간부터 여러 종교를 한꺼번에 경험할 수 있기 때문입니다.

전형적인 다문화 공간,
장례식장

　장례식장 건물에 들어서면 1호실에서는 염불 소리가, 2호실에서는 찬송가 소리가, 3호실에서는 연도 미사 소리가 뒤섞여 들립니다. 우리에게는 익숙한 일이지만 다른 나라에서는 상상하기 힘든 일이지요. 다행히도 이런 종교적 혼재는 한국 사회에서 별 무리 없이 수용되고 있습니다. 아마 신앙심보다는 사랑하고 아끼는 사람을 잃은 슬픈 감정이 우세하기 때문인 것 같습니다.

　불교는 4세기와 5세기 사이에 한반도로 유입됐습니다. 이후 불교의 영향력은 점점 커졌습니다. 그 흔적은 통일 신라 시대에 만들어진 석가탑과 고려 시대에 만들어진 팔만대장경 그리고 조선 시대에 만들어진 법주사에 남아 있습니다. 하지만 불교는 조선 시대에 들어 불교를 탄압하고 유교를 숭상하는 억불숭유 정책이 시작되면서 탄압받기 시작했습니다. 지방은 한양보다 불교를 더 심하게 탄압했는데, 지방 유생들은 회암사나 분황사 같은 사찰을 직접 공격하기도 했지요. 분황사 근처 한 우물에서 목이 잘린 불상 수십 좌가 나온 것은 이러한 사실을 잘 증명해 줍니다. 그리고 오늘날의 한국 불교는 이러한 탄압의 역사를 거쳐 여전히 한국의 전통 종교라는 자리를 유지하고 있습니다.

　천주교는 200여 년 전에 한국으로 들어왔습니다. 일부 실학자들이 서양의 학문을 들여오는 과정에서 전해진 것으로 알려져 있는데, 그 시작은 순탄치 않았습니다. 창립 직후부터 100년 넘게 박해를 받았으며 이 과정에서 1만 명에 달하는 순교자가 나왔거든요. 200여 년이라는 짧은 역사 동안 103명의 성인이 배출된 것은 천주교에 대한 박해가 얼마나 심했는지를 보여 주는 증거이기도 합니다. 박해가 끝나자마자 한국 천주교는 가파르게 성장했습니다. 1784년에 천주교회가 창립된 후 신자 수가 100만 명이 되기까지 190년이나 걸렸지만, 다시 100만 명이 늘어나는 데는 불과 12년밖에 걸리지 않았습니다. 오늘날 전 세계의 선교 상황에 비추어 볼 때 이는 놀라운 일입니다.

천주교와 달리 개신교는 한국 사회에 비교적 수월하게 들어왔습니다. 19세기 말 개항기 시대에 쏟아진 서양의 물결과 맞물려 들어왔기 때문이지요. 20세기 초에는 민족자강운동, 자주독립운동과 맞물려 더욱 확산되었고요. 오늘날 개신교가 끼치는 영향력은 매우 놀라울 정도입니다. 2016년 통계청 인구주택총조사에 따르면, 한국의 개신교 신자는 967만 6000명 정도라고 합니다. 교단 측은 이보다 훨씬 많은 1300만 명이라고 주장하고 있지만요. 신자의 수도 수지만 교회의 규모도 엄청납니다. 한 미국 종교 전문 잡지에 따르면 전 세계에서 그리스도교 단일 교회 중 가장 큰 곳이 서울의 여의도순복음교회라고 합니다. 이뿐만 아니라 한국은 세계 10대 교회 중 다섯 곳, 20대 교회 중 열 곳, 50대 교회 중 스물세 곳을 보유한 나라지요.

　이 세 종교의 성장 과정을 살펴보면서 우리는 한 가지 흥미로운 사실을 확인할 수 있습니다. 한국 사람들이 자신의 종교를 비교적 쉽게 바꾸었다는 점입니다. 물론 이에 대해 이의를 제기할 사람도 있을 겁니다. '우리가 얼마나 많은 박해를 받았는데 그 무슨 소리냐!'라고 말하면서요. 하지만 우리가 비교적 쉽게 종교를 바꾸었다는 사실은 이웃 나라인 중국과 일본의 경우와 비교해 보면 쉽게 이해할 수 있습니다. 중국의 경우, 1978년에 종교의 자유를 인정한 이래 개신교 신자가 1억 3000만 명으로 크게 늘어났습니다. 그 수만 보면 한국과 비교하기 어려울 정도로 많지만 전 국민의 9.4퍼센트에 불과한 수치랍니다. 정부 추산으로는 17.2퍼센트, 교단 측 추산으로는 26퍼센트인 한국과는 비교도 되지 않지요. 일본의 경우는 400개가 넘는 종교가 존재하는 데다 천황에 충성하는 독특한 문화가 있어 개신교나 천주교가 제대로 발을 붙이지 못하고 있습니다.

　여기서 논의하고자 하는 것은 종교 자체가 아닙니다. 단지 한국인이 외래 종교를 비교적 쉽게 받아들인다는 사실에 주목하고자 할 뿐입니다. 이를 두고 한국인은 자기 것을 비교적 쉽게 버린다고 말하면 또 다른 논란이 일어날까요?

일본의 국화로
영정 사진을 장식하는 한국인

한국은 지역에 따라 상주의 옷 색깔도 다릅니다. 아직도 보수적인 시골에서는 소복, 즉 흰색 한복을 입지만 도시에서는 검은색 양복을 입지요. 조문객도 검은색 옷을 입는 경우가 많습니다. 퇴근후 바로 오게 되어 검은색 옷을 입지 못한 경우에는 상주에게 그 이유를 설명하고 양해를 구하는 경우도 많지요. 한국 사회는 전통적인 흰색 한복과 현대적인 검은색 양복이 공존하는 다문화사회인 것입니다.

그런데 모두가 검은색 옷을 입으면 상주와 조문객을 구분하기 어렵습니다. 그래서 상주는 왼팔에 완장을 차는데, 이것은 일본의 풍습입니다. 서양 사람들도 장례를 치를 때 검은색 양복을 입지만 완장을 차지는 않지요. 서양에서 완장을 차면 히틀러의 추종자라고 오해를 받을지도 모른답니다.

영정 사진을 국화꽃으로 장식하는 것도 일본의 풍습입니다. 서양에서도 장례를 치를 때 국화꽃을 쓰지만 대개 관 위나 제단 위에 국화꽃을 올려놓을 뿐, 영정 사진을 장식하지는 않습니다. 일본이 서양의 풍습을 받아들이면서 자신들만의 색채를 덧입힌 것이지요. 그런데 국화꽃은 일본과 황실을 상징하는 국화로 여겨집니다. 일본에 공식적인 국화는 없지만 일본인들은 봄에 피는 벚꽃과 가을에 피는 국화를 나라의 꽃으로 여기지요. 그러니 일본인의 입장에서는 영정 사진을 국화로 장식하는 것이 지극히 당연한 일입니다.

그렇다면 한국인은 무슨 꽃으로 영정 사진을 장식하면 좋을까요? 한국의 국화인 무궁화는 어떨까요? 무궁화 하니 문득 우리가 얼마나 무궁화를 사랑하고 아끼는지 돌아보게 됩니다. 한국인은 겉으로만 무궁화를 엄청 사랑하는 것 같아요. 애국가 후렴에도 '무궁화 삼천리 화려강산'이라는 구절이 나오고, '무궁 무궁 무궁화 무궁화는 우리꽃'이라는 노랫말의 동요도 있지요. 그런데 이러한 노래를 수도 없이 부르면서도 정작 무궁화 축제는 개최하지 않습니다. 봄에는 벚꽃, 여름에는 장미꽃, 가을에는 국화꽃 등 수많은 꽃 축제를 열면서도 말이지요. 이런 무궁화에게 마이크를 주면 '내가 이러려고 한국의 국화가 되었나 하는 자괴감이 들어요.'라고 말할지도 모릅니다.

지금은 흔적도 찾을 수 없는
유교 문화의 상징, 상투

한국인의 생활 방식 중에는 장례 문화 외에도 일본인의 손에 의해 달라진 것이 많습니다. 오늘날 남자들의 짧은 머리도 일본인에 의해 강제적으로 변화한 생활 방식이지요. 일본인들이 과거 조선인들의 상투에 강제로 칼을 들이댄 것에서부터 비롯되었거든요.

상투와 수염은 한국인의 정신을 지배해 온 유교 사상과 긴밀히 연결되어 있습니다. 신체발부수지부모身體髮膚受之父母, 즉 몸, 머리털, 수염, 살갗은 부모에게서 물려받은 것이니 절대 훼손해서는 안 된다고 생각했지요. 이런 생각을 가지고 있는 우리 조상들에게 상투는 부모에게 물려받은 머리털을 보존하는 방식이었습니다.

상투란 머리카락을 모두 빗어 올려 정수리 위로 틀어 감는 것을 말하는데, 그 역사는 꽤 오래되었습니다. 남경태는 3세기에 쓰인 중국 삼국 시대에 관한 역사서 『삼국지』 「위서」 동이전에 실린 '관모를 쓰지 않고 날상투를 했다.'라는 구절을 근거로 상투가 상고 시대부터 존재했다고 주장합니다. 실제로 고구려 벽화나 신라 토기에는 상투를 튼 사람들이 그려져 있지요. 하지만 이때는 유교 사상이 전래되기 전이라 그저 머리털을 관리하기가 어려워 한데 묶은 것으로 보입니다.

신체발부수지부모의 개념이 퍼지면서 아무리 나이가 어린 남자라도 결혼하면 상투를 틀어야 했습니다. 반대로 아무리 나이가 들어도 결혼하지 않으면 상투를 틀지 못했지요. 상투는 수직적인 신분 질서를 근본으로 하는 유교 사상의 상징물이었던 것으로 보입니다. 상투를 튼 꼬마 신랑이 상투를 틀지 못한 나이 많은 사람에게 반말할 수 있었던 것을 보면 말이지요. 따라서 상투에 손을 대는 것은 단순히 머리를 자르는 것이 아니라 조선의 근본인 유교의 효 사상과 수직적인 신분 질서에 손을 대는 것이나 다름이 없었습니다.

일본은 이와 같은 조선의 사상과 질서에 칼을 들이댔습니다. 1895년에 고종에게 압력을 넣어 모든 사람이 상투를 자르도록 단발령을 시행하게 했지요. 유교를 신봉하던 유림들은 당연히 반발했습니다. 당대 유림의 거두인 최익현은 "내 머리는 자를 수 있을지언정 머리털은 자를 수 없다."라고 항변했습니다. 유림뿐만이 아니었습니다. 서울에 머물던 지방 사람들은 서둘러 귀향했고 미처 피하지 못해 강제로 상투를 잘린 사람들은 상투를 주머니에 넣고 통곡하면서 서울을 떠났습니다. 상투를 자르는 체두관剃頭官이 들이닥칠까 봐 문을 걸어 잠그고 방 안에서 나오지 않는 사람들도 있었지요. 물론 그들 역시 전국적으로 시행된 단발령을 끝까지 피할 수는 없었습니다.

상투 다음은 수염이었습니다. 하지만 수염은 상투처럼 강제로 자르지는 않았습니다. 단발령을 내리고 머리를 깎은 고종도 여전히 수염만큼은 길렀거든요. 그런데도 수염을 자르는 사람들은 점점 늘어갔습니다. 이렇게 보면 한국인의 얼굴은 지난 100년 동안 참으로 많이 변했지요.

이렇듯 종교, 의복, 치장 관습 등에서 다양한 문화 요소들이 공존하는 우리 사회는 이미 다문화적 공간이 아닐까요? 시간이 좀 더 지나면 베트남, 몽골, 인도네시아, 필리핀 등의 문화 요소들도 더해질지 모릅니다. 이처럼 문화는 자연적이든 강제적이든 변하고 동화되기 마련입니다. 이런 문화의 가변성을 어떻게 봐야 할까요? 자기 세대의 문화를 기준 삼아 보면 다음 세대의 문화가 부정적으로 보이기 쉽습니다. 하물며 자기 나라의 문화를 기준 삼아 보면 외국 문화가 더욱 부정적으로 보이기 마련이지요. 따라서 외국 문화를 접할 때는 문화의 가변성을 염두에 두어야 합니다. 그러면 최소한의 균형을 갖춘 문화적 인식은 유지할 수 있을 테니까요.

21세기 한국은 이미 **다문화사회**

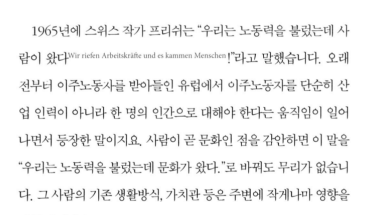

1965년에 스위스 작가 프리쉬는 "우리는 노동력을 불렀는데 사람이 왔다Wir riefen Arbeitskräfte und es kammen Menschen!"라고 말했습니다. 오래전부터 이주노동자를 받아들인 유럽에서 이주노동자를 단순히 산업 인력이 아니라 한 명의 인간으로 대해야 한다는 움직임이 일어나면서 등장한 말이지요. 사람이 곧 문화인 점을 감안하면 이 말을 "우리는 노동력을 불렀는데 문화가 왔다."로 바꿔도 무리가 없습니다. 그 사람의 기존 생활방식, 가치관 등은 주변에 작게나마 영향을 끼칠 테니까요.

급속도로 진행되는 세계화의 영향으로 사람들이 뒤섞여 살게 되면서 문화 문제가 중요한 현안이 되었습니다. 이른바 '문화 전쟁'이 시작된 것이지요. 문화란 정확히 무엇일까요? 이는 답하기 어려운 질문입니다. 문화에 대한 합의된 정의가 없기 때문이지요. 지금까지 학자들이 내린 문화에 대한 정의만 해도 수백 가지가 넘습니다. 그래서 어떤 사람은 문화가 무엇인지 찾지 말고 문화가 아닌 게 무엇인지 찾자고 제안합니다. 또 프랑스의 질 베르분트와 같은 사회학자들은 문화를 기술할 수는 있어도 정의할 수는 없다고 잘라 말하기도 하지요.

문화를 의미하는 영어 culture는 라틴어 쿨투라cultura에서 파생한 말입니다. 이 쿨투라는 논이나 밭을 경작한다는 의미지요. 이 단어를 은유적으로 사용하기 시작한 것은 고대 로마의 정치가 겸 저술가 키케로라고 알려져 있습니다. 그는 교육을 통해서 정신을 '경작'해야 한다고 강조했지요. 문화라는 말은 처음에는 주로 문학이나 예술과 관련해 사용되었습니다. 이후 종교, 관습, 과학, 기술 등에서도 사용된 데 이어 지금은 인간 생활과 관련된 모든 것을 가리키는 데 쓰이고 있지요.

흔히 문화는 의식주와 같은 물질문화와 종교, 신념, 전통과 같은 정신문화로 나눕니다. 의식주 중에서 가장 바꾸기 어려운 것은 아마 식食, 음식 문화일 겁니다. 실제로 사람들은 옷과 집은 쉽게 바꾸어도 음식은 잘 바꾸지 못하지요. 그래서 짧은 해외여행을 떠날 때도 고추장, 된장 등을 챙기는 사람들이 의외로 많습니다. 하지만 한국 고유의 것이라고 여기며 그토록 고수해 온 식문화 중에도 실제로는 우리의 것이 아닌 게 참 많답니다.

식후 한 잔에 담긴
중국, 일본, 프랑스의 문화

아주 흔한 일을 한자어로 '다반사'라고 합니다. 그런데 이 단어를 올바른 한자로 쓸 수 있는 사람은 많지 않을 겁니다. 대부분은 다반사茶飯事의 '다'를 '多많을 다'로 쓰지, '茶차 다'로 쓰는 사람은 많이 없지요. 다반사를 글자 그대로 풀이하면 '차를 마시고 밥을 먹는 일'이라는 뜻으로, 흔히 있는 일을 의미합니다. 즉 우리 조상들이 차를 밥 먹듯이 자주 마셨다는 말이지요.

차와 관련해 또 하나 살펴볼 단어는 설과 추석에 지내는 차례茶禮입니다. 차례는 글자 그대로 '차를 올리는 의례'를 뜻합니다. 하지만 우리의 차례 상에는 차가 올라가지 않습니다. 왜 이름과 실제가 다를까요? 이것을 이해하려면 먼저 중국과 한국의 수질 차이를 이해해야 합니다. 과거 중국에서는 수질이 좋지 않아 차례 상에 물 대신 차를 올렸습니다. 그래서 차례라고 불렀지요. 중국의 영향을 지대하게 받은 한반도의 나라들은 수질이 좋아서 그럴 필요가 없는데도 중국과 같이 차례라고 불러 온 것이고요.

차의 역사는 신라 시대까지 거슬러 올라갑니다. 선덕여왕 때 차를 마셨다는 기록이 있거든요. 가야 시대 유물에서도 다기가 종종 발견되고요.

역사상 차 문화가 가장 번성한 시대는 고려 시대입니다. 고려 시대에는 다방*茶房*이 있었는데 이 다방은 지금처럼 개인이 차나 커피를 파는 곳이 아니었습니다. 불교 의식 또는 제사 때 사용되는 차, 과일, 술, 소채 등을 관장하는 정식 관청이었지요. 민가에서 차를 파는 곳은 차점*茶店*이라고 불렀답니다. 고려 시대에 청자가 발달한 데에도 차의 영향이 있었습니다. 이렇듯 고려 시대에 차 문화가 발달한 것은 차와 불교가 밀접한 관련이 있었기 때문입니다. 당시 승려들은 차를 매우 즐겼는데, 절에서 차 끓이기 대회를 열 정도였다고 하네요.

이렇게 번성했던 차 문화는 억불숭유를 건국 이념으로 한 조선 시대에 들어 급격히 쇠퇴했습니다. 조정에서 절과 민가에서 차 마시는 것을 막았기 때문이지요. 하지만 차 문화는 왕실과 양반들 사이에서는 여전히 성행했습니다. 왕실에서는 하루 한 차례 차 마시는 시간인 다시*茶時*를 정해 놓았는데 그를 위해 고려 시대의 다방과 비슷한 역할을 하는 관청까지 둘 정도였지요.

다방이 부활한 것은 일제 강점기입니다. 다만 그 모습은 정식 관청이 아닌, 오늘날의 카페와 비슷한 모습이었습니다. 본래 카페는 근대 서양에서 지식인들이 모이는 비밀 장소였는데 카페에서 벌인 열띤 토론은 프랑스 혁명의 밑거름이 되기도 했습니다. 유럽의 사상·문학·예술의 산실로서 매우 중요한 역할을 했던 것이지요. 서양의 문물을 일찍이 받아들인 일본은 19세기 말 카페를 본떠 다방을 만들었습니다. 다방에서는 기존의 전통차만 파는 것이 아니라 서양에서 온 홍차, 커피 등 다양한 종류의 음료를 팔았지요. 그리고 이 다방은 일제 강점기에 일본을 거쳐 한반도로 들어왔습니다. 식후 마시는 차 한 잔에 중국, 일본, 프랑스의 문화 요소가 담긴 것이지요.

참고로 다방의 여주인을 마담^{madame}이라고 불렀는데, 알다시피 이 단어는 프랑스어입니다. 프랑스에서 마담은 결혼한 여자를 지칭하는 존칭입니다. 하지만 이 단어는 일본을 거쳐 한국으로 들어오면서 비칭이 되었습니다. 얼굴마담, 유한마담, 마담뚜 등으로 활용되는 것만 봐도 잘 알 수 있습니다. 얼굴마담은 술집이나 다방을 대표하는 여자를, 유한마담은 생활이 넉넉하여 놀러 다니는 것을 일삼는 부인을, 마담뚜는 부유층이나 특수층을 상대로 중매를 알선하는 여자를 속되게 이르는 말이지요.

오늘날 다방은 대도시에서는 거의 찾아보기 어렵습니다. 군이나 읍 정도의 작은 도시에서나 겨우 찾아볼 수 있지요. 그나마도 카페가 대체해 가고 있습니다. 설렁탕을 먹어도, 순두부를 먹어도 그 후에는 꼭 커피를 마시는 한국인은 이제 '다반사' 시대가 아니라 '커반사' 시대를 살고 있는 셈입니다.

대표는 맞지만 전통은 아닌 음식,
빨간 배추김치

'한국의 대표 음식'이라고 하면 사람들은 보통 김치를 가장 먼저 떠올릴 겁니다. 실제로 김치 없는 한국인의 밥상은 생각하기 어렵습니다. 그러다 보니 김치를 아주 오래전부터 먹어 온 전통 음식이라고 생각하는 사람들이 많습니다. 하지만 김치 하면 떠올리는 빨간색 배추김치는 불과 100여 년밖에 되지 않는 음식입니다.

먼저 김치라는 말의 어원에 대해 잠시 생각해 볼까요? 여러 가지 문헌을 종합해 보면, 수많은 종류의 김치를 총칭하는 말은 '지' 또는 '침채'입니다. 지의 흔적은 오이지, 짠지, 섞박지 등에 그대로 남아 있지요. 침채沈菜는 야채를 소금물에 담근다는 의미입니다. 처음에는 '팀채' '딤채'로 발음되다가 구개음화로 인해 '짐채'로 불렸고 다시 구개음화의 역현상으로 '김채'로 바뀌었다가 오늘날의 '김치'가 되었지요.

한국 김치의 역사는 멀리 고구려 시대까지 거슬러 올라갑니다. 『삼국지』「위서」동이전을 보면 다음과 같은 내용이 나옵니다.

고구려에서는 채소를 먹을 때 소금을 이용하였고 그들의 식품 발효 기술은 뛰어났다.

물론 이때의 김치는 소금에 절인 짠지에 불과했지요.

옛 김치가 오늘날과 비슷한 맛을 내기 시작한 것은 김치에 고추를 사용하기 시작한 17세기 이후부터라고 할 수 있습니다.* 그런데 이 고추를 두고 논란이 많습니다. 특히 한국에 들어온 시기에 대해 아직도 갑론을박 중이지요. 얼마 전까지만 해도 학계는 고추가 임진왜란 때 일본으로부터 전래되었다고 보았습니다. 하지만 2009년에 발표된 한국식품연구원의 연구 결과, 고추가 임진왜란 이전부터 존재했다는 사실이 밝혀지면서 이 일본 전래설은 점점 설득력을 잃고 있습니다.

한편 오늘날 김장으로 많이 사용되는 배추의 품종은 1882년 임오군란 때 중국 화교 상인들이 가져온 것이라고 합니다. 당시 화교들은 제물포에서는 노동으로, 서울에서는 비단과 잡화 판매로, 김포 일대에서는 배추 농사로 생계를 이어 갔는데 그들이 농사지은 배추가 바로 오늘날 김치 재료로 사용되는 결구結球 배추랍니다. 당시 사람들은 이 배추를 중국에서 들어왔다는 의미로 '호배추'라고 불렀습니다. 우리 조상들이 먹던 조선 배추는 11월 중순이면 얼어 버릴 정도로 추위에 약했던 반면에, 호배추는 속잎이 꽉 차서 비록 겉이 얼더라도 겉잎 몇 장만 떼어 내면 먹을 수가 있었습니다. 이러

---

* 서부승 지음, 『김치』, 김영사(2004), 13쪽.

한 장점 때문에 호배추는 널리 재배되었고 1950년대 말부터 조선 배추를 대신하기 시작했습니다. 그리고 1980년대 초반부터는 배추 하면 바로 이 호배추를 가리킬 정도로, 배추의 대명사가 되었지요. 이렇게 보면 우리가 즐겨 먹는 김치도 결국은 다문화적 산물이라고 할 수 있습니다.

김치와 관련된 풍속도도 많이 달라졌습니다. 1980년대 초반까지만 해도 대부분의 가정에서는 배추김치는 물론이고 총각김치, 섞박지, 동치미 등을 담갔지만 점차 먹거리가 풍부해지면서 요즘에는 배추김치만 담그는 가정이 많아졌습니다. 김치 하면 배추김치가 생각나는 이유도 그 때문이지요.* 김장 문화뿐만 아니라 김치소비량도 변화했습니다. 점차 줄어들고 있지요.

하지만 한국인의 김치에 대한 자부심은 여전히 강합니다. 자부심이 높은 만큼 김치와 관련된 상식을 정확하게 쌓아 놓는 게 어떨까요? 김치는 한국뿐만 아니라 중국, 일본에서도 즐겨 먹는 음식이라는 사실과 오늘날 우리가 즐겨 먹는 배추김치는 한말에 중국에서 들여온 배추로 만든다는 사실 그리고 김치의 대표 격인 빨간 배추김치의 역사가 불과 100여 년밖에 되지 않는다는 사실을 말이에요.

---

* 주영하 지음, 『식탁 위의 한국사』, 휴머니스트(2013), 163쪽.

포르투갈과 일본을 거쳐 들어온
딱지 놀이, 화투

음식뿐만 아니라 놀이 문화 중에도 우리 고유의 것으로 보기 어려운 산물이 많답니다. 대표적인 예로 연을 들 수 있습니다. 연은 한국만의 전통 놀이 도구가 아니라 전 세계의 놀이 도구이자 군사 도구였지요. 화투도 마찬가지입니다. 설이나 추석과 같은 명절이면 어른들이 모여 함께 즐기다 보니 우리 고유의 놀이처럼 생각할 수도 있지만 화투는 일제 강점기에 일본에서 들어온 놀이랍니다.

이는 화투에 그려진 그림만 살펴봐도 쉽게 알 수 있습니다. 3월과 4월을 상징하는 벚꽃과 싸리는 일본 냄새를 물씬 풍깁니다. 가장 주목할 것은 12월의 '비 광'입니다. 일설에 의하면, 이 화투장에 나오는 일본식 복장의 주인공은 일본의 유명한 학자이자 서예가인 오노노 미치카제라고 합니다. 그는 비가 내리는 어느 날, 우울한 마음으로 냇가를 거닐다가 개구리 한 마리를 발견합니다. 이 개구리는 비가 와 물이 불어난 냇가에서 물에 휩쓸리지 않기 위해 버들가지를 잡고자 안간힘을 쓰고 있었지요. 하지만 버들가지는 너무 높아서 개구리의 노력은 매번 실패하고 맙니다. 오노노 미치카제는 이런 개구리를 보고 비웃습니다. '어리석은 개구리 같으니…… 노력할 걸 노력해야지.' 그런데 바로 그때 강한 바람이 몰아쳐 버들가지가 휙 하고 쓰러졌습니다. 개구리는 이때다 하고 버들가지를 붙

잡고 위험에서 벗어나지요. 그 순간 미치카제는 어리석은 것은 개구리가 아니라 신세만 한탄하며 아무것도 하지 않은 자신이었음을 깨닫게 됩니다.

그런데 화투는 일본의 전통 놀이가 아닙니다. 그 원형은 16세기에 일본을 왕래한 포르투갈 상인들이 하던 카르타^{carta}라는 일종의 딱지놀이지요. 참고로 카르타는 놀이 이름이라기보다 지도, 카드를 가리키는 보통 명사입니다. 일본인들은 카르타를 변형해 화찰^{花札}, 즉 '꽃 딱지'를 만들었습니다. 그리고 이 꽃 딱지가 한국에 전래되면서 화투^{花鬪}, 즉 '꽃들의 전쟁'이 되었지요. 이름 덕분인지 화투는 한국에서 거의 도박처럼 되어 버렸습니다. 요즘에도 심심찮게 화투로 도박을 하다가 경찰에게 잡히는 사람들을 볼 수 있는데 이들은 말 그대로 꽃들의 전쟁을 벌인 셈이지요.

물론 한국에도 화투와 비슷한 전통 놀이가 있었습니다. 바로 투전^{鬪牋}입니다. 조선 후기의 문신 성대중이 편찬한 『청성잡기』에 따르면, 17세기 중반에 역관 장현이 북경에서 마조^{馬弔}라는 놀이를 들여왔는데, 이 마조의 패 120개를 80개로 간략화해 만든 것이 바로 투전이라고 합니다. 너비는 손가락 굵기만 하고 길이는 15센티미터 정도인 80장의 종이쪽지로 하는 투전은 한 면에 사람, 물고기, 새, 꿩, 노루, 별, 토끼, 말 등의 그림(또는 글자)을 흘려 적어 끗수를 표시합니다. 투전과 관련된 용어 중 우리에게 널리 알려진 것으로는 '장땡' '땡' '가보' 등이 있습니다. 장땡은 두 장의 숫자가 모두 10인 경우고, 땡은 두 장의 숫자가 같은 경우이며 가보는 두 장의 숫자를 더해 9가 되는 경우지요. 투전은 조선 영조 때 심각한 사회 문제로 대두되어 엄격하게 단속받았습니다. 단속을 피하기 위해 연고가 전혀 없는 사람의 상갓집에서 판을 벌이는 투전꾼들이 생겨나는 등 웃지 못할 일들도 있었지요.

해방기까지만 해도 한국인들은 화투보다 투전을 즐겼습니다. 하지만 1950년대에 들어서면서 화투를 가족 오락용이나 운수 풀이용으로 즐기게 되자, 투전보다 화투를 찾는 사람들이 많아졌습니다.

이상의 내용을 종합해 보면, 우리가 즐기는 화투 역시 다문화적 놀이라고 할 수 있습니다. 포르투갈의 카르타가 일본에 들어가 화찰이 되고 이것이 다시 한국에 들어와 화투가 되었으니까요.

〈백설 공주〉를 읽으며
자라는 한국의 아이들

이렇게 다문화적인 흐름 속에서 자라나는 아이들은 어떤 정체성을 가질까요? 신체적으로는 동양인이지만 정서적으로도 완전한 동양인이라고 할 수 있을까요? 저는 이러한 문제 때문에 세대 차이가 발생한다고 생각합니다. 세대 차이라고 하면 흔히 부모와 자식 사이에서 나타나는 가치관의 차이라고 생각하지만 오늘날 한국의 경우에는 동양식 사고와 서양식 사고의 차이에서 비롯된 결과로 볼 수도 있습니다. 부모들은 동양식으로 사고하고 판단하는 반면, 자녀들은 은연중에 자리 잡은 서양의 사고방식으로 판단하기 때문입니다.

한국인은 아이가 배 속에 있을 때부터 서양을 가르칩니다. 태교에서 중요한 위치를 차지하는 것은 음악인데, 한국인들은 태교 음악으로 모차르트의 자장가를 가장 많이 사용합니다. 1990년대 초반에는 이 음악을 듣기만 해도 머리가 좋아진다고 해서 앞다퉈 태아에게 들려줬지요. "잘 자라 우리 아가 앞뜰과 뒷동산에 새들도 아가 양도 다들 자는데……"라는 이 노래를 수도 없이 들으면서 성장한 태아는 '아, 내가 세상에 나가면 바로 양을 만날 수 있겠구나.'라고 기대했을 겁니다. 하지만 막상 태어나 보면 아가 양은커녕 염소도 보기 힘들지요. 한국은 양을 방목하는 나라가 아니기 때문입니다. 양은 고려 시대에 한반도로 들어왔지만 한국인에게는 여전히 낯선 동물입니다. 지금도 몇몇 양 떼 목장이나 동물원에나 가야 볼 수 있는 동물이지요. 결국 우리는 모차르트의 자장가를 통해 태아에게 서양을 주입한 셈입니다.

아이들은 두세 살이 되면 동화를 통해 서양을 주입받습니다. 〈인어 공주〉〈미운 오리 새끼〉〈벌거숭이 임금님〉〈백설 공주와 일곱 난장이〉 등 덴마크의 안데르센이나 독일의 그림 형제가 쓴 동화가 부모의 정성 어린 낭독을 통해 어린 자녀의 머릿속으로 들어갑니다. 동화책에는 아이들의 눈길을 사로잡는 그림도 많기 때문에 그 주입 효과는 훨씬 큽니다. 금발 머리의 주인공들이 움직이며 시선을 끄는 만화 영화는 두말할 것 없지요. 아이들의 머릿속이 서양으로 채워져 있다는 말을 믿기 힘들다면 지금 당장 자녀에게 종이와 연필을 주고 공주를 한번 그려 보라고 해보세요. 십중팔구 금색의 긴 머리를 늘어뜨린 〈겨울왕국〉 속 엘사나 검은색 머리에 하얀 얼굴을 한 백설 공주를 그릴 겁니다. 이것은 매우 안타까운 일입니다. 백설 공주나 엘사는 한국 공주가 아니기 때문이지요. 한국인의 머릿속에는 한국 왕자나 공주가 거의 존재하지 않습니다. 애써 떠올려야 호동 왕자와 낙랑 공주 정도일 겁니다.

자녀가 네다섯 살이 되면 부모들은 악기를 가르치기 시작합니다. 특히 피아노와 바이올린을 많이 가르칩니다. 간혹 거문고나 가야금을 가르치는 부모도 있지만 이것은 어디까지나 드문 일입니다. 이때 배운 피아노와 바이올린은 태아 때 들은 모차르트의 자장가와 유아 때 읽은 〈백설 공주〉 동화책과 하나의 앙상블을 이룹니다.

초등학교에 입학하면 어떨까요? 음악 시간에는 서양식 음악을 훨씬 더 많이 배웁니다. 전 서울교육대학교 음악교육과 이동남 교수에 따르면, 2007 교육 과정 교과서는 7차 교육 과정 교과서와 비교할 수 없을 정도로 한국 음악을 줄인 대신 서양식 음악을 늘렸습니다. 여기서 말하는 서양식 음악에는 〈선구자〉 〈그리운 금강산〉

〈보리밭〉처럼 서양 음악 기법으로 작곡하고 한국어 가사를 붙인 것도 포함됩니다.

이처럼 은연중에 내재된 서양식 사고로 인해 오늘날 한국인들은 밖에서만 문화적 차이를 느끼는 것이 아니라 안에서도 문화적 차이를 느끼고 있습니다. 과학과 기술의 발달은 세대 간의 차이를 가속화하고 있지요. 이런 세대 차이를 조금이라도 줄이기 위해서는 균형 있는 문화 인식과 상호문화적 대화가 필요합니다.

새롭게 정의되어야 할 한국 사회의 **정체성**

'~할 수 없는 능력'을 말할 때 흔히 '맹'을 붙여 표현합니다. 대표적인 예로 문맹과 색맹이 있지요. 문맹文盲은 글을 읽거나 쓸 줄 모르는 상태 또는 그런 사람을 뜻하는 말입니다. '낫 놓고 기역 자도 모른다.'라는 속담이 바로 문맹을 가리키는 말이지요.

2008년에 국제연합개발계획이 발표한 자료에 따르면, 한국의 문맹률은 1퍼센트 이하입니다. 하지만 한국은 본래부터 문맹률이 낮았던 나라는 아니었답니다. 1958년에 문교부에서 발간한 『문교개관』을 보면, 1945년에만 해도 문맹자는 약 800만 명으로 전체 한국인의 78퍼센트나 되었다고합니다. 이후 전 국민을 대상으로 체계적인 교육을 실시한 덕분에 1958년에는 56만 명으로, 지금은 1퍼센트 이하로 줄어들었지요. 여기에는 한글의 우수성도 한몫했습니다. 우리가 세종대왕에게 감사하고 한글을 소중히 여겨야 하는 이유도바로 여기에 있습니다.

한편 색맹은 글자 그대로 빛깔을 구별하지 못하는 상태나 그런 사람을 말합니다. 사람의 망막에는 시세포가 있는데, 이 시세포에는 명암을 인식하는 간상세포와 빛을 받아들이고 색을 감지하는 원추세포가 있습니다. 이 중 원추세포는 빨간색, 초록색, 파란색을 감지해 색을 구별합니다. 그런데 원추세포에 존재하는 추체 색소가 부족하거나 이상해지는 경우, 혹은 망막이나 시신경이 손상되는 경우 색을 구별할 수 없는 색맹이 됩니다. 한국인 중 남자는 약 6퍼센트가, 여자는 약 0.5퍼센트가 색각 이상이라고 합니다.

한국인은
본래 다문화인

요즘 신조어 중에 다문화맹이라는 말이 있습니다. 다문화맹은 '다문화'와 '맹'을 붙여 만든 말입니다. 자신의 문화가 여러 문화로 이루어진 것을 모르는 상태나 그렇게 생각하는 사람을 가리키지요. 다시 말해 자신이 살고 있는 사회가 다문화사회고 자신이 다문화인이라는 사실을 모르는 사람이 다문화맹인 것입니다.

한반도는 대륙과 해양이 만나는 곳으로, 지도를 펴보기만 해도 오래전부터 다양한 문화가 넘나들던 곳이라는 사실을 바로 알 수 있습니다. 역사적으로도 중국, 일본, 미국의 영향을 지대하게 받은 다문화적 공간이고요. 따라서 한국 문화는 본래 '다문화'고, 그런 문화를 가진 한국 사회는 '다문화사회'이며 그런 사회에 사는 한국 사람은 '다문화인'인 것이지요. 다문화는 지금 우리가 당면한 현실입니다.

그런데도 한국인은 다문화 하면 바로 외국인이나 동남아를 떠올립니다. 그리고 자신은 다문화와 관련이 없다고 생각합니다. 이민자와 관련이 있다고만 생각하지요. 이는 우리가 사용하는 용어만 봐도 금방 알 수 있습니다. '다문화 축제'가 열리면 보통 중국관, 일본관, 베트남관, 몽골관은 있어도 한국관은 없습니다. '다문화가정'은 적어도 한 명 이상의 외국인이 속한 가정을 가리키는 말이고요. 한국인과 한국인이 이룬 가정은 절대 '다문화가정'이라고 부르지 않습니다. '다문화교육' 역시 마찬가지입니다. 전체 학생의 1.9퍼센트에 불과한 이민자가정의 자녀를 대상으로 하는 교육으로만 여깁니다.

다문화는 영어 단어 'multicultural'을 번역한 말입니다. 이 단어는 1941년 캐나다에서 처음 사용된 것으로 알려져 있습니다. 그리고 1980년대에 미국 교육자들에 의해 널리 확산되었지요. 이 단어는 '한 사회 안에 존재하는 여러 문화적 또는 민족적 집단과 관련된'이라는 사전적 의미를 가지고 있습니다. 즉 영어 사전에서는 다문화라는 단어를 정의할 때 외국인이나 동남아의 개념을 포함하고 있지 않지요. 한국인의 생각과 다른 것입니다.

한국인의 이런 독특한 인식은 다문화가정이라는 용어에서도 충분히 알 수 있습니다. 한국에서 말하는 '다문화가정'은 부모 중 적어도 한 사람이 외국인인 가정을 의미합니다. 대부분의 경우, 한국인 아버지와 외국인 어머니로 이루어진 가정을 떠올리지요. 이 가정의 정확한 명칭은 국제결혼가정입니다. 제가 확인한 바로 국제결혼가정을 다문화가정이라고 부르는 나라는 한국밖에 없습니다. 혹시 이견이 있다면 인터넷에서 다문화가정을 뜻하는 'multicultural family'를 검색해 보세요. 한국의 사례가 거의 전부라는 놀라운 사실을 확인할 수 있을 겁니다.

유럽에서는 국제결혼가정을 부를 때 '이민자가정'이라는 용어를 사용합니다. 행정상의 필요에 의해 굳이 특정 용어를 사용해야 한다면 다문화가정보다는 이민자가정이 더 적절해 보입니다. 결혼 이민자는 글자 그대로 '결혼 이민자'고, 외국인 근로자는 '경제 이민자'이며 탈북민이나 난민은 '정치 이민자'이기 때문이지요. 이처럼 다문화가정이라는 용어를 피해야 하는 이유는 이 용어 속에 한국인 특유의 단일의식이 포함되어 있다고 보기 때문입니다. 한국인 아버지와 외국인 어머니로 이루어진 가정을 다문화가정이라고 부르기 위해서는 한국인 아버지와 한국인 어머니로 이루어진 가정을 '단문화가정'이라고 전제해야 하는데 이 전제 자체가 단일의식의 산물인 것입니다.

'다문화교육'이라는 용어도 마찬가지입니다. 한국에서 말하는 다문화교육은 대개 '다문화가정 자녀에게 한국어를 가르치고 학업을 보충해 주는 교육'이라는 의미로 통용되고 있습니다. 다문화가정의 자녀가 전체 학생의 1.9퍼센트에 불과한 데다 한국어 교육이나 학업 보충 교육은 한국 학교와 사회에 적응하도록 도와주는 교육이므로 결국 한국에서 실시되는 다문화교육은 극소수자를 대상으로 하는 동화주의적 적응 교육인 셈입니다.

이는 미국의 다문화교육과는 상당히 거리가 멉니다. 미국 다문화교육의 대부라 할 수 있는 제임스 뱅크스는 다문화교육을 "다양한 사회 계층, 인종, 민족, 성 배경을 지닌 모든 학생이 평등한 교육 기회를 가질 수 있도록 교육 과정과 교육 제도를 개선하고자 하는 교육 개혁 운동"이라고 말한 바 있습니다. 미국의 다문화교육이 '모든 학생'을 위한 교육인데 반해 한국의 다문화교육은 '극소수 학생'을 위한 교육인 것이지요. 사회 계층, 인종, 민족, 성 등의 다양한 범주가 '이민자'라는 단 하나의 범주로 축소된 것입니다.

이러한 사례들만 살펴봐도 한국인이 다문화라는 용어를 얼마나 잘못 인식하고 있는지 잘 알 수 있습니다. 거듭 강조하지만 다문화라는 용어는 20세기에 이루어진 국제화, 세계화의 영향으로 국경의 개념이 약해지고 이에 따라 다양한 문화들 간의 만남이 빈번해지며 생겨난 용어지, 결코 외국이나 동남아를 가리키는 용어가 아

닙니다. 요컨대 다문화는 21세기를 살아가는 우리 모두의 현실이
지요.

범죄자가 되어 버린
반쪽짜리 한국인

따돌림은 '따돌리다.'라는 동사의 명사형입니다. 이 말은 두 가지
의 상반된 의미를 가지고 있습니다. 하나는 '밉거나 싫은 사람을 따
로 떼어 멀리하다.'라는 뜻이고, 다른 하나는 '뒤쫓는 사람이 따라잡
지 못할 만큼 간격을 벌려 앞서 나가다.'라는 뜻이지요. 전자가 부
정적인 성격을 띠고 있다면 후자는 긍정적인 성격으로 볼 수 있습
니다. 물론 다른 사람을 배려하지 않고 혼자만 앞서 나가려고 한다
면 부정적일 수도 있겠지만요.

한국 사회에서 따돌림이 큰 문제가 되는 것은 전자의 경우입니
다. 즉 밉거나 싫은 사람을 따로 떼어 멀리할 때지요. 일명 '왕따'라
고 불리기도 하는 이 문제는 한때 심각한 사회 문제로 부각되기도
했습니다. 그리고 요즘에는 한쪽 부모가 외국인인 아이들이 따돌
림을 당하는 경우가 많다고 합니다.

2012년 언론에 소개된 정 군의 경우를 한번 살펴보겠습니다.
정 군은 한국인 아버지와 러시아인 어머니 사이에서 푸른색 눈을

가진 채 태어난 아이입니다. 그는 서울 광진구 화양동 주택가에 있는 쓰레기 더미에 수차례 불을 지르고 한 중학교에 화염병을 던진 혐의로 경찰에 체포되었습니다. 경찰이 확보한 휴대전화 동영상을 보면 정 군이 화염병을 던지고 환호성을 지르는 장면이 나옵니다. 경찰이 왜 그랬느냐고 묻자 그는 "불이 나면 쾌감을 느끼고 화가 풀린다."라고 대답했습니다. 그리고 다음과 같이 자신의 심경을 토로했지요.

> 나는 분명 한국 사람인데 주변에서는 한국 사람도 아니고 러시아 사람도 아니라고 한다. 나는 반쪽이다.

알고 보니 정 군에게는 딱한 사정이 있었습니다. 정 군의 아버지는 러시아로 유학을 가 러시아 여성과 결혼해 두 아들을 낳았습니다. 하지만 아버지는 1996년에 모스크바에서 교통사고를 당해 세상을 떠나고 말았고 어머니는 아이들을 두고 집을 나가 버렸지요. 결국 아이들은 서울에서 작은 가게를 운영하던 할아버지와 할머니의 손에 맡겨져 성장했습니다.

정 군의 한국 생활은 힘들었습니다. 특히 친구들의 무시와 따돌림은 견디기 어려운 고통이었지요. 친구들은 정 군을 '튀기' '러샤'라고 부르기 일쑤였습니다. "러시아인은 러시아로 돌아가라!"라고 소리치기도 했지요. 이로 인해 정 군은 중학교 2학년 때 심한 우울증을 잃었고 여섯 달 동안 정신과 치료를 받기도 했습니다. 하지만 더 이상 견디지 못하고 학교를 자퇴하고 말았습니다.

이후 정 군은 2년 동안 방황하다가 할아버지와 할머니의 간곡한 청으로 중학교 졸업 검정고시를 치르고 이듬해에 고등학교에 입학했습니다. 하지만 그곳에서도 힘들기는 마찬가지였습니다. 친구들이 그에게 말조차 붙이지 않았거든요. 말 그대로 왕따가 된 것이지요. 정 군은 입학한 지 두 달 만에 또다시 자퇴하고 가출까지 했습니다. 그런데 할머니가 가출한 정 군을 찾으러 나갔다가 교통사고로 세상을 떠나고 말았습니다. 할아버지는 그 탓을 정 군에게로 돌렸고 정 군은 더욱 삐뚤어졌지요. 폭력, 절도 등 정 군의 전과도 계속 늘어만 갔습니다.

그리고 2016년 정 군은 주택가에 수차례 불을 지른 혐의로 구속 기소되고 말았습니다. 사람이 잠들어 있는 건물에 불이 옮겨 붙는 바람에 그의 죄는 더욱 무거워졌지요. 경찰은 "지속적인 왕따로 인한 분노와 할머니의 죽음에 대한 자책감이 폭발해 방화로 이어진 것으로 보인다."라고 말했습니다.

한 살 어린 정 군의 동생도 평탄한 생활을 하지 못했습니다. 2010년에 학교를 그만둔 이후 2012년 2월에는 길거리에서 아이들의 돈을 빼앗다가 붙잡혀 소년원에 들어갔지요. 이처럼 정 군 형제는 러시아 어머니를 둔, 죄 아닌 죄로 한국에서 심한 차별을 받고 결국에는 범죄인이 되었습니다. 그런데 같은 학급의 학생들이 이들을 무시하지 않았다면 이들도 보통의 청소년처럼 성장하지 않았을까요? 결국 정 군 형제를 범죄인으로 만든 것은 이들을 따돌린 학생들과 그들의 부모, 더 나아가 우리 모두라고 생각합니다. 성공회대학교 사회학과 박경태 교수의 "다문화는 그들을 받아들이는 것이 아니라 우리가 변하는 것이다."라는 말이 생각나는 때입니다.

정체성이란
복수적, 가변적, 역동적인 것

앞에서 소개한 정 군의 이야기는 정체성과도 관련이 있습니다. 정체성은 영어로 'identity'라고 합니다. 어원을 살펴보면 이 단어는 '똑같은'이라는 의미의 라틴어 이뎀idem에서 파생했습니다. 이 라틴어에서 14세기 중세 프랑스어 이당티테identité가 파생했고 이 단어가 17세기에 오늘날의 영어 형태로 되었지요. 따라서 정체성은 '똑같음' '하나임' '똑같은 상태'를 의미합니다. 심리학에서는 정체성을 '자기동일성'이라고도 하는데, 자기동일성은 '타인과 구별되는 한 개인으로서 현재의 자신은 언제나 과거의 자신과 같으며 미래의 자신과도 이어진다는 생각'이라는 사전적 의미를 가지고 있습니다.

다양한 민족과 문화가 뒤섞이고 인간관계가 훨씬 복잡해지면서 정체성은 복수적인 양상을 보이고 있습니다. 예를 들어 어떤 사람이 여러분에게 "누구시죠?"라고 물으면 여러분은 뭐라고 대답할 건가요? "홍길동입니다. 변호사이고 이 아파트 주민입니다." 등 자신에 대해 다양하게 말할 수 있겠지요. 그리고 이렇게 대답한다면 이미 세 개의 정체성을 가지고 있는 셈입니다. 학자들은 이런 점에 착안해 정체성을 양파나 다이아몬드에 비유하기도 합니다. 양파의 껍질 하나하나가, 다이아몬드의 면 하나하나가 우리의 정체성에 해당한다고 보는 것이지요. 그래서 정체성은 한 가지로만 정의 내릴 수 없는 성질의 것입니다.

또한 정체성은 가변적입니다. 우리의 정체성은 계속 변합니다. 정체성 중 하나인 국적을 예로 들어 볼까요? 옛날에는 평생을 동일한 국적으로 살아가는 사람들이 많았지만, 오늘날에는 귀화 등의 여러 가지 방법으로 국적을 바꾸는 사람들이 점점 많아지고 있습니다. 가까운 예로, 쇼트트랙 한국 대표였던 안현수 선수는 2011년에 러시아 국적을 취득하고 이름을 빅토르 안으로 바꿨습니다. 이제 안 선수는 민족적으로는 한국인이지만 국적상으로는 러시아인이지요. 성 정체성도 마찬가지입니다. 대부분의 사람들은 남자로 태어나면 남자로 살고, 여자로 태어나면 여자로 살아갑니다. 하지만 요즘에는 성전환 수술을 통해 자신의 성별을 바꾸는 사람들이 적지 않습니다. 이렇게 성전환을 하면 주민등록번호 뒷자리 숫자 중 첫 번째 숫자도 자연히 바뀌지요.

마지막으로 정체성은 역동적입니다. 베르분트는 이에 대해 "현대인은 상황이 그에게 좀처럼 허용하지 않는 일관성을 유지하려 애쓰며 살아간다. 일관성을 유지하려는 이런 노력은 마치 하나의 균형 상태에서 불균형 상태를 거쳐 다른 하나의 균형 상태로 옮겨가는 보행자처럼 늘 새로 시작해야 한다. 정체성은 안정된 상태가 아니라 역동적이다."라고 말한 적이 있습니다.*

한국에 들어온 외국인의 정체성도 마찬가지입니다. 이들의 이민자라는 정체성은 여러 정체성 중 하나일 뿐이고 이 정체성 역시 시간과 함께 변할 수 있습니다. 우리 또한 마찬가지입니다. 우리의 '단일민족' '단일 문화'라는 정체성 역시 영원히 유지될 수는 없습니다. 정체성은 결코 정체停滯된 것이 아니라 한평생 동안 끊임없이 바뀔 수 있는 것이니까요. 아기가 자라 청소년이 되고 청소년이 다시 성인이 되어 마지막에는 노인이 되는 것처럼 말이시요.

---

* 질 베르분트 지음(장한업 역), 『상호문화 사회』, 교육과학사(2012), 50쪽.

차이의 기준, 단일함이라는 허상

▶▶
2025년부터는 한국 군대도
다문화군대

　이민자가정 자녀가 점점 늘어나고 있습니다. 2015년 행정안전부 통계에 따르면, 이민자가정 자녀는 20만 8000명으로 국내 자녀의 2.2퍼센트를 차지하고 있습니다. 이들을 나이별로 구분해 보면 만 6세 이하가 11만 8000명, 만 7~12세가 5만 6000명, 만 13~15세가 1만 9000명입니다.

　이민자가정 자녀들은 성장 과정에서 여러 가지 어려움을 겪습니다. 먼저, 한국어가 서툰 한쪽 부모의 영향으로 언어 발달이 지체되기 쉽습니다. 어눌한 한국어가 가장 민감한 대뇌에 입력input되므로써 출력output도 어눌해질 가능성이 크기 때문입니다. 비이민자가정 자녀들 중 약 10퍼센트도 언어 발달 지체 또는 장애를 겪습니다. 하물며 이민자가정 자녀들은 언어 학습에 얼마나 큰 어려움을 겪고 있을까요?

다음으로, 이민자가정 자녀들은 학업 성적이 낮을 가능성이 큽니다. 외국인 부모의 경우 한국에서 교육을 받지 않아 자녀들의 학업을 도와주기 어렵기 때문이지요. 게다가 대부분의 이민자가정은 경제적으로도 취약해 일반 가정만큼 자녀들에게 사교육을 시키기 어렵습니다. 세계적으로 사교육 의존도가 높은 한국에서는 이 또한 큰 걸림돌이 되지요.

무엇보다 가장 큰 문제는 조금 다르다는 이유로 학교에서 따돌림을 겪을 가능성이 높다는 것입니다. 외모가 다르고, 한국어가 어눌하다는 이유로 말이지요.* 앞에서 이야기한 정 군처럼 왕따를 심하게 당한 이민자가정 자녀들은 학교를 그만두면서 여러 위험에 노출되기도 합니다.

한국에서는 이민자가정 출신의 자녀들에게도 어김없이 날아오는 게 있습니다. 바로 입영 통지서입니다. 현행법상 중학교만 졸업한 남자라면 모두 징집 대상자에 해당합니다. 실제로 '다문화군대 대비 야전군 추진 계획'에 의하면, 2010년에는 52명의 다문화장병이 입대했지만, 2011년에는 156명, 2012년에는 228명, 2013년에는 306명, 2014년에는 404명이 입대했다고 합니다. 2015년 3월

---

* 2009년 청소년희망재단이 서울, 경기 초·중학생 1725명을 대상으로 설문한 결과, 의사소통이 어려워서
  (40.4퍼센트), 친구로 지내려면 신경 쓸 일이 많아서(33.5퍼센트), 외모나 피부색이 달라서(24.2퍼센트), 따돌림
  당할까 봐(16.8퍼센트) 이민자가정 자녀와 친구로 지낼 수 없다고 답했다(중복응답).

을 기준으로 다문화장병은 총 598명이었는데, 여기에는 장교 1명과 부사관 5명도 포함되어 있지요.

2015년에는 이민자가정 징집 대상자가 전체의 0.6퍼센트였지만 앞으로는 그 수가 점차 늘어 2030년에는 2.5퍼센트에 달할 것으로 보입니다. 국방부는 2025년부터 2031년 사이에 연평균 8515명의 이민자가정 자녀들이 입대할 것으로 예측했습니다. 국방부는 이러한 현실을 직시하고 2010년부터 다문화군대 대비 계획, 다문화장병 동반 입대, 외관상 식별이 명백한 인원 입대 허용 등 여러 가지 대책을 내놓았습니다. 또 2016년에는 '군인의 지위 및 복무에 관한 기본법 시행령 및 시행 규칙'을 통해 전 장병에게 다문화 존중 교육을 시행하도록 했습니다.

추진 계획에 의하면 야전군 내 다문화장병의 복무 부적응 사례는 아직까지 없습니다. 하지만 우리의 의식이 변하지 않는다면 언제든 그러한 사례가 발생할 수 있습니다. 특히 군대에는 총과 수류탄이 있기 때문에 더욱 걱정됩니다. 2014년 6월에 벌어진 22사단 임 병장 사건은 복무 부적응으로 인한 대표적인 피해 사례입니다. 우리의 태도와 의식이 변하지 않는다면 이민자가정 자녀들 역시 복무 부적응으로 인해 자살, 탈영 등 좋지 않은 선택을 할 가능성이 있습니다. 이제 우리들이 달라져야 할 때입니다.

3부

/

정상적인 우리가
되지 못한 사람들

/

오늘날 한국에는 200개도 넘는 나라의 사람들이 들어와 있습니다. 이들 대부분이 가난한 나라에서 오다 보니 한국 사람들 중에는 이들을 '베트남신부'라고 부르며 이방인 취급을 하거나 같은 민족이라고 해도 조선족이라고 부르며 2등 국민으로 취급합니다. 물론 이것은 어제오늘의 일이 아니었습니다. 그런데 한반도에는 언제부터 외국인이 살았을까요? 여러분은 고구려와 고려가 다민족국가였다고 말하면 믿을 수 있나요?

한국의 역사를 움직인 **이방인들**

한반도에는 언제부터 외국인이 살았을까요? 역사적으로 보면 고구려와 고려는 다른 민족들과의 융합 정책을 펼치며 국경 바깥의 여러 민족들을 받아들였습니다. 반면에 신라와 조선은 그렇지 못했지요. 고구려와 고려가 다민족 국가였다면 신라와 조선은 단일민족 국가였다고 할 수 있습니다. 그런데 다민족 국가들이 단일민족 국가들보다 훨씬 선진적이고 자주적이었다고 이야기하면 여러분은 믿을 수 있나요?

박노자 교수는 자신의 저서 『당신들의 대한민국』에서 고구려와 신라 그리고 고려와 조선이 어떤 민족 정책을 펼쳤는지 비교했습니다. 먼저 고구려가 영토를 크게 넓힌 것은 여러 민족들을 잘 융화시킨 덕분이라고 보았습니다. 고구려는 말갈, 예맥, 옥저 등 수많은 변방 민족들의 전통과 문화를 존중해 주고, 문화 수준이 높은 중국인들을 우대하고 중용했습니다. 반면에 골품제에 기반한 폐쇄적인 혈통 집단이 사회의 중심부를 차지한 신라는 자신의 나라로 이주한 고구려와 백제의 상류층을 기득권층으로 받아들이지 않았습니다. 그러다 보니 삼국 통일을 이루는 데 외세의 지원을 끌어오고, 통일 후 고구려와 백제의 유민을 통합하는 데에도 실패할 수밖에 없었던 것으로 보입니다.

고려의 쌍기와
조선의 하멜 이야기

한편 고려는 고구려의 전통 일부를 계승한 국가답게 중국, 일본, 거란, 여진, 위구르 출신의 수많은 귀화인을 환대했습니다. 이 중에는 후주에서 온 쌍기라는 사람도 있었지요. 쌍기는 후주의 관리로 고려에 왔다가 광종의 눈에 띄어 고려에 남았습니다. 그리고 956년에는 노비안검법을, 958년에는 과거 제도를 제안해 당시 고려가 선진적인 제도를 만드는 데 결정적으로 기여했습니다. 이를 통해 고려의 광종은 외국인이라도 재능이 뛰어나면 자국의 관리로 삼을 정도로 매우 개방적인 인물이었던 것으로 보입니다.

이와는 달리 조선 사람들은 외국인을 많이 의심하고 경계했습니다. 1653년에 하멜이 제주도에 표착했을 때도 마찬가지였지요. 하멜은 본래 타이완을 거쳐 일본 나가사키로 가려고 했는데 도중에 태풍을 만나 일행 서른여섯 명과 함께 제주도에 표착했습니다. 그는 포를 다루는 기술 등의 선진 기술을 알고 있었지만 조선은 이를 제대로 활용하지 못하고 그를 전라도 강진으로 보내 잡역에 종사하게 했습니다. 고된 노역과 생활고에 지쳐 가던 하멜은 결국 1666년에 일본으로 탈출해 1668년에 네덜란드로 돌아갔지요. 이로써 조선은 당시 세계 최고의 선진국 중 하나인 네덜란드의 기술을 제대로 이용하지 못했고, 그 결과 국가를 근대화할 수 있는 절호의 기회도 놓치고 말았습니다.

임진왜란의 숨은 조력자,
귀화한 일본인

하멜의 사례는 임진왜란 당시 한국으로 귀화한 한 일본 장수의 이야기와 비교하면 더욱 안타깝습니다. 바로 김충선 장군에 관한 이야기입니다. 당시 왜군 중에는 조선에 투항해 왜군과 맞서 싸운 일본인들이 있었습니다. 이들을 항왜라 불렀지요. 이 항왜 중에는 사야가라는 일본 장수가 있었습니다. 그는 1592년 4월, 스물두 살의 젊은 나이에 가토 기요마사라는 장군이 이끄는 부대의 선봉장

이 되어 왜군 3000명과 함께 부산에 상륙했습니다. 그리고 상륙하
자마자 경상도 좌병사 박진에게 다음과 같은 글을 보내 투항 의사
를 밝혔지요.

> 이번에 일본이 이유 없이 군사를 일으키며 저를 선봉장으로 삼으
> 매 …… 군사를 이끌고 본국 조선에 이르렀습니다. 다만 저의 소
> 원은 이 나라의 예의 문물과 의관 풍속을 아름답게 여겨 예의의
> 나라에서 성인의 백성이 되고자 할 따름입니다.*

이렇게 투항한 사야가는 곧바로 경상도의 의병들과 함께 동래,
양산, 기장 등지에서 일본군과 맞서 싸웠고, 한 달에 여덟 차례나
승전보를 울릴 정도로 맹활약을 했습니다. 의병장 곽재우와 연합
해 경상도 연안의 일본군을 격퇴하기도 했고요. 또 1597년에는 울
산성 전투에도 참가해 경상도 우병사 김응서의 선봉장으로서 성
안에 주둔하고 있던 가토 기요마사의 제1부대를 전멸시켰지요.

사야가의 활약은 임진왜란 이후에도 이어졌습니다. 1624년에
는 이괄의 난을 진압하는 데 큰 역할을 했고, 1636년 병자호란 때
는 광주 쌍령 전투에 출전해 오랑캐 500여 명을 베었습니다. 이외

---

* KBS 역사스페셜 원저, 『역사스페셜 6』, 효형출판(2003), 291쪽.

에도 조선군 장수나 의병 신분으로 총 일흔여덟 번의 전투에 출전해 큰 공을 세웠지요. 이를 높이 평가한 선조는 그에게 김해 김씨라는 성씨와 충선이라는 이름 그리고 정2품 자헌대부라는 높은 벼슬까지 내렸습니다. 하지만 그는 청나라와의 화의가 성립되자, 통곡의 눈물을 흘리며 현재는 대구광역시 달성군 가창면인 우록동으로 내려가 향리 교화에 힘쓰며 여생을 보냈다고 합니다.

사야가는 조선에 조총과 화약 제조 기술도 전했습니다. 사야가가 쓴 『모하당문집』에는 그가 1592년 11월에 화약 제조법과 철포대 훈련법을 전수했다는 기록이 남아 있지요. 사야가는 이순신 장군의 조총 개발에도 일조했는데 이순신 장군에게 보내는 답신에서 그는 다음과 같이 말했다고 합니다.

> 하문하옵신 조총과 화포, 화약을 만드는 법은 전번에 조정에서 내린 공문에 따라 벌써 각 진에 가르치는 중이옵니다. 바라옵건대 총과 화약을 대량으로 만들어서 기어코 적병을 전멸하기를 밤낮으로 축원하옵니다.[*]

사야가 덕분에 조선은 1593년 3월경 조총 제조 기술을 확보할

---

[*] 같은 책, 305쪽.

수 있었습니다. 그리고 그 조총 기술은 임진왜란의 전황을 바꾸는 데 결정적인 역할을 했지요. 이제부터는 임진왜란 하면 떼로 몰려드는 잔인한 왜군만이 아니라 사야가처럼 조선에 투항해 왜군과 싸운 일본인들도 있었다는 사실을 함께 떠올려 보면 어떨까요?

한국사 최초의
혼혈 왕

　다민족 국가 체제를 유지한 고려에 대해 좀 더 살펴보겠습니다. 사전에서 '마누라'를 찾아보면 '중년이 넘은 아내를 허물없이 이르는 말'이라고 나옵니다. 아무리 내외하던 부부라도 수십 년 같이 살다 보면 허물없는 사이가 되고 이에 따라 호칭도 허물없어집니다. 문제는 '허물없이'가 '체면을 돌보거나 조심할 필요가 없이'를 넘어 '함부로'가 될 때입니다. 많이 개선되긴 했지만, 여전히 아내를 함부로 대하는 사람이 적지 않지요.

　아내에게 함부로 하는 사람들에게는 마누라의 어원에 대해 설명해 줄 필요가 있어 보입니다. 마누라는 몽골어 '마눌'에서 유래한 말입니다. 13세기 원 간섭기에는 고려 왕실에서 몽골어를 종종 사용했는데, 당시 마눌은 왕비를 가리키던 몽골어였답니다. 원 강점기의 고려 왕들은 원나라 마눌 앞에서 꼼짝 못했다고 합니다. 당시 전 세계를 호령하던 칭기즈 칸 가문의 공주들이었기 때문이지요.

13세기 후반부터 고려 왕들은 원나라 공주와 결혼하기 시작했습니다. 고려 제24대 왕인 원종은 1271년에 원의 수도인 대도에서 원의 세조를 만나 "우리나라가 귀국에 대해 청혼하는 것은 영원히 좋은 인연을 맺기 위함입니다. 그러나 분수에 넘치는 일인 듯해 오랫동안 감히 청할 수 없었습니다."*라고 조심스럽게 운을 띄운 다음, 자신의 아들과 세조의 딸을 결혼시키자고 간청했다고 합니다. 이로 인해 1274년에 고려의 왕자 왕거(충렬왕)와 원나라의 공주 제국 대장 공주의 결혼이 성사되었지요. 참고로 왕자는 당시 서른 아홉 살의 중년이었고 공주는 열여섯 살 꽃다운 나이였습니다. 1275년, 이 둘 사이에서 왕장이 태어났습니다. 그리고 왕장은 1298년에 충선왕이 되었지요. 한국사 최초의 혼혈 왕이 탄생한 것입니다.

이렇게 원나라와 혼인은 성사되었지만 그 내가도 만만치 않았습니다. 고려 왕들이 원나라 출신 마눌을 모시고 살아야만 했기 때문이지요. 예를 들어 충렬왕은 절에 갈 때마다 왕비를 모시고 가야 했습니다. 1277년에는 수행원 수가 적다는 이유로 왕비가 궁궐로 돌아가 버리자 왕이 직접 찾아가서 달랬는데, 이때 왕비가 지팡이로 왕을 마구 때렸다고 해요. 매사가 이런 식이니 충렬왕은 왕비를 멀

---

* 김운회 지음, 『몽골은 왜 고려를 멸망시키지 않았나』, 역사의 아침(2015), 48쪽.

리하고 고려인 후궁들을 총애했지요.

충렬왕은 아들인 왕장에게도 무시를 받았습니다. 왕장은 충렬왕의 아들이기 전에 쿠빌라이 칸의 외손자로서 원나라 황실에서도 상당히 높은 서열의 황족이었기 때문이지요. 실제로 1297년에 어머니가 서른아홉살의 젊은 나이로 죽자 왕장은 부왕이 총애한 후궁과 측근까지 모두 죽여 버렸는데 충렬왕은 아들의 위협에 놀란 나머지 그 이듬해에 원나라 황제에게 양위의 뜻을 밝히고 스스로 물러났답니다.

스물네 살에 충선왕이 된 왕장은 파격적인 개혁을 추진했습니다. 아버지 충렬왕 시대에 많은 폐해를 낳은 측근 정치를 개혁하고 권세가들의 토지 소유 문제와 양민 착취 문제를 해결하고자 노력했지요. 또 고려의 옛 제도를 복원해 고려의 풍속과 관행을 유지하면서도 원나라의 문물을 수용하려 했습니다. 하지만 이러한 노력은 얼마 가지 못하고 맙니다. 이번에도 왕비, 즉 마눌 때문이었습니다. 충선왕은 1295년에 쿠빌라이 칸의 증손녀인 계국 대장 공주와 결혼했습니다. 하지만 부왕과 마찬가지로 고려인 조비를 총애했고 이에 질투를 느낀 왕비가 이 사실을 원나라에 알리는 바람에 즉위 일곱 달 만에 충선왕은 퇴위해야만 했지요.

이외에도 다섯 명의 고려 왕이 일곱 명의 원나라 공주와 결혼했습니다. 물론 이 중에는 좋은 마눌도 있었습니다. 대표적인 예는 1349년에 공민왕과 결혼한 노국 대장 공주지요. 노국 대장 공주는 반란군이 공민왕을 죽이려고 궁으로 쳐들어오자 칼을 빼들고 왕을 숨긴 밀실 앞에서 반란군과 대치하기까지 했습니다. 이에 반란군은 차마 원나라 공주를 죽일 수 없어 어쩔 수 없이 물러났지요.

오늘날 한국에는 200개가 넘는 많은 나라의 사람들이 들어와 있습니다. 이들 대부분이 가난한 나라에서 오다 보니 한국 사람들 중에는 이들을 그냥 무시하고 차별하는 경우도 많습니다. 하지만 이들은 한국 사람에게는 없는 무언가를 가지고 있습니다. 네팔 사람들은 순수한 불심과 인내심을 가지고 있고, 필리핀 사람들은 대단한 열정을 가지고 있으며 몽골 사람들은 인간을 존중하는 심성을 가지고 있지요. 중국과 러시아에서 살다 온 한인들 역시 민족 정체성을 유지하면서도 한국인과는 다른 특별한 무언가를 가지고 있습니다.

이런 다양한 특성들은 단색적인 한국 사회를 좀 더 다채롭게 만들어 줍니다. 지금 우리에게 필요한 것은 '서로에게서 배운다learn from each other'는 자세입니다. 박노자 교수 역시 고구려와 신라, 고려와 조선을 대조한 후 "민족의 미래는 분명히 종족적·문화적·종교적 다양성과 여러 집단 간의 상호 존중에 있다."라고 강조했지요.* 우리 모두는 반드시 서로에게서 배울 점이 있습니다. 오늘날 한국에

* 박노자 지음, 『당신들의 대한민국』, 한겨레신문사(2001), 121-124쪽.

정상적인 우리가 되지 못한 사람들

들어온 외국인들을 오직 경제적 잣대로만 평가하고 차별한다면, 17세기 중엽에 하멜을 제대로 활용하지 못한 선조들과 똑같은 우를 범하게 될지도 모릅니다. 우리는 폐쇄적인 조선이 아니라 개방적인 고려를 본받아야 합니다. 그래야 고려라는 이름에서 나온 코리아Korea로 진정 거듭날 수 있습니다.

역사는 **다른 민족**을 어떻게 차별했을까

한국인은 대개 '아랍인' 하면 전쟁, 테러, 알카에다, IS^{Islamic State}, 엄격한 종교 율법, 여성 억압, 비민주적 정권 등을 떠올립니다. 하나같이 다 부정적인 단어들뿐입니다. 이런 인상은 사실에 기초한 것도 있지만 그렇지 않은 것도 있습니다. 아무래도 한국에 이슬람교도가 적다 보니 얼토당토않는 소문이 돌기도 하지요. 그래서인지 대부분의 한국인은 아랍인을 자신과 전혀 관계없는 사람처럼 여깁니다.

하지만 지난 역사를 살펴보면 이야기는 좀 달라집니다. 신라 시대에는 아랍인들이 우리와 활발히 교류했을 뿐만 아니라 그중 일부는 신라의 수도인 경주에 아예 정착하기도 했거든요.

기록되지 않은 역사,
신라에 정착한 아랍인들

『우리 안의 그들, 역사의 이방인들』에서 저자인 이희근은 이에 대한 증거를 몇 가지 언급했습니다. 그중 하나는 9세기의 페르시아 지리학자 이븐 쿠르다지바가 남긴 기록입니다.

바로 그곳이 신라라고 하는 나라다. 이 나라에는 금이 풍부하다. 무슬림들은 이곳에 일단 들어가면 그곳의 훌륭함 때문에 정착하고야 만다.

10세기의 역사학자 알 마수디 역시 다음과 같은 기록을 남겼습니다.

신라국에 간 이라크인이나 다른 나라 사람은 (그 나라의) 공기가 맑고 물이 좋고 토지가 비옥하며 또 자원이 풍부하고 보석도 일품이기 때문에 극히 소수의 사람을 제외하고는 그곳에서 돌아오지 않았다.

이 두 기록은 신라에 많은 아랍인이 정착해 살았음을 말해 주는 명백한 증거들입니다. 이와 같은 아랍 쪽의 기록과는 달리, 우리 역사서에서는 아랍인에 대한 직접적인 언급을 찾아볼 수 없습니다. 다만 『삼국유사』에 은유적으로 나타난 내용과 경주 무인석武人石*의 형상을 통해 그들의 존재를 추정해 볼 수 있지요.

경주시 외동면에는 신라 제38대 왕인 원성왕의 것으로 추정되는 능이 있습니다. 이 사적의 정식 명칭은 괘릉으로, 괘릉의 무인석은 신라인과는 아주 다른 모습을 하고 있습니다. 우람한 체격, 터번 같은 모자를 쓴 곱슬머리, 부릅뜬 큰 눈, 튀어나온 광대뼈, 오뚝하고 큰 코, 귀밑에서 시작되어 길게 이어지는 곱슬 수염 등 아랍인과 꼭 닮았지요. 이런 무인석은 인물을 직접 보지 않고는 도저히 제작하기 어려운 것이므로 당시 신라의 수도 경주에 아랍인이 많이 살았을 것으로 추정할 수 있습니다. 그리고 그들의 영향력은 상당했을 것으로 보입니다. 단순히 장사꾼의 형상을 왕의 호석護石**으로 삼지는 않았을 테니까요.

또한 많은 학자들이 『삼국유사』의 처용 설화에 나오는 처용이 아랍인이라고 주장합니다. 설화에 따르면, 헌강왕이 동해안으로 행차했다가 구름과 안개로 길을 잃자 동해 왕이 자신의 일곱 아들 중 하나인 처용을 보내 경주까지 데려다주게 했다고 합니다. 처용 덕분에 무사히 경주에 도착한 헌강왕은 처용을 잡아 두기 위해 미인

---

* 능 앞에 세우는 무관 형상으로 만든 돌.
** 능이나 묘의 둘레에 돌려 쌓은 돌.

과 결혼시키고 관직까지 내렸지요.

그러던 어느 날 처용의 아내를 흠모한 한 역신(疫神)*이 밤에 사람으로 변해 그의 아내를 범하고 말았습니다. 그리고 집에 돌아온 처용이 그 모습을 보게 되었지요. 이에 처용이 "서울 밝은 달에 밤 이슥히 놀고 다니다가 들어와 자리를 보니 다리가 넷이어라. 둘은 내 것인데 둘은 누구 것인가. 본디 내 것이건만 빼앗긴 걸 어찌하리오."라는 노래를 부르고 춤을 추면서 물러났다고 합니다. 이에 역신은 처용 앞에 무릎을 꿇고 "당신의 아내를 탐내어 범했는데도 노여워하지 않으니 감격하고 아름답게 여깁니다. 앞으로는 당신의 모습을 그린 그림만 보아도 문 안에 들어가지 않겠습니다."라고 약속했지요. 그 후 고려 사람들은 처용의 그림을 문에 붙여 귀신을 쫓고 복을 빌었다고 합니다.

조선 초기에만 해도 아랍인이 공식 행사에 정식으로 초대받았다는 기록이 있습니다. 그런데 왜 21세기 지구촌에 산다고 자처하는 우리는 신라, 고려, 조선 시대까지 교류해 오던 사람들을 마치 아무런 관계가 없는 사람처럼 여길까요?

---

* 천연두를 퍼뜨리고 다닌 신.

천민을 이중으로 구속한 이름,
백정

　한국사 최초로 혼혈 왕이 등극하고, 적극적으로 민족 융합 정책을 펼쳤던 고려의 일반 백성들은 어떻게 생활했을까요? 고려 시대에는 오늘날의 사람들이 생각하는 것과 달리 백정이 일반 백성을 의미했습니다. 당시에는 16세에서 60세 사이의 성인 남자들 중 군역의 의무를 가지고 있는 사람들을 정인「人」이라 불렀습니다. 그리고 정인을 제외한 나머지는 모두 백정이라고 불렀지요. 군역을 담당하지 않는 일반 농민들도 이 백정에 해당했던 것입니다. 백정에서 백「白」은 '없다' 또는 '아니다'라는 뜻이고, 정「丁」은 '정호「丁戶」' 또는 '정인「人」'이라는 뜻이니, 백정은 '정호나 정인이 아닌 사람'을 뜻하는 굉장히 광범위한 계층을 일컫는 말이었지요.

　고려에는 유독 거란족을 포함한 북방 민족이 많이 거주했습니다. 오랜 기간 지속된 고려와 북방 민족 사이의 전쟁 때문이었지요. 특히 25년간 지속된 고려와 거란 사이의 전쟁으로 많은 외지인들이 유입되었습니다. 982년에 즉위한 거란의 성종은 송나라를 공격하기 전에 고려와 우호적인 관계를 맺고자 했습니다. 하지만 고려가 이를 거부하자 993년에는 80만 명, 1010년에는 40만 명, 1018년에는 10만 명의 대군을 이끌고 고려로 쳐들어왔습니다. 이 과정에서 거란군 수만 명이 포로로 잡히거나 고려로 투항했고 이로 인해 고려 내 거란인이 대폭 늘어났지요. 『고려사』는 이렇게 고려에 이주한 거란인에 대해 "본시 관적도 부역도 없으며 수초를 따라 옮겨 다니며 사는 것이 일정치 않아 오직 사냥을 일삼고 유기를 제조하여 파는 것을 직업으로 삼았다."라고 기록하고 있습니다.*
이렇게 여기저기를 떠돌며 유목, 사냥 등으로 살다 보니 동물을 도축하는 일은 그들의 주된 생업이 되었습니다. 그리고 이들은 양수척이라 불리는 천인 대우를 받았지요.

조선 시대에 들어 세종은 이들이 다른 백정들과 어울려 지내길 바랐습니다. 『태조실록』에도 다음과 같은 상소가 올라왔다는 기록이 있습니다.

> (양수척이) 이곳저곳으로 떠돌아다니면서 농업을 일삼지 않으므로 배고픔과 추위를 면치 못하여 늘 모여서 도적질을 하고 소와 말을 도살하게 되었습니다. 그러니 그들이 있는 주군州郡에서는 그 사람들을 호적에 올려 토지에 안착시켜 농사를 짓도록 하고 이를 어기는 자는 죄주게 하십시오.**

그래서 세종은 이들을 백정에 편입시켰습니다. 하지만 기존의

＊ 이희근 지음, 『우리 안의 그들 역사의 이방인들』, 너머북스(2008), 114-115쪽.
＊＊ 같은 책, 162쪽.

백정들은 이들을 신백정이라 부르며 배척했고, 여기에 농업 장려 정책이 시작되면서 백정은 서서히 부정적인 의미를 띠게 되었지요. 설상가상으로 조선 초에 도축 행위 금지 조치가 내려지면서 이 일을 생업으로 삼던 백정들은 하루아침에 범죄자가 되어 버렸습니다. 조선 문종 때는 전체 범죄자 중 절반이 백정이었을 정도였지요. 이렇게 일반 백성을 의미하던 백정이 점차 도축업자들을 지칭하는 단어로 한정되면서 오늘날까지 전해지는 '이 백정만도 못한 놈'이라는 욕도 생겼습니다.

그 많던 중국집은
어디로 갔을까?

이번에는 가장 가까이에 있는 중국인에 대해 이야기해 보겠습니다. 우리는 흔히 "점심으로 뭐 먹을래?"라는 질문에 종종 "그냥 중국집으로 가지 뭐."라고 대답하곤 합니다. 여기서 잠시 '중국집'이라는 말에 대해 생각해 볼까요? 사람들은 왜 중국집으로 가자는 표현은 쓰면서도 "한국집으로 가자."나 "일본집으로 가자."라는 표현은 쓰지 않을까요? 이 질문에 대한 대답을 찾으려면 1920년대에 한국에 살던 중국 화교의 삶을 살펴볼 필요가 있습니다.

중국 화상華商, 즉 화교 상인이 한국에 처음 들어온 것은 1882년

임오군란 때입니다. 당시 청나라는 조선을 돕기 위해 수천 명의 병력을 파견했는데, 이때 40여 명의 화상도 함께 들어왔지요. 청군의 체류가 장기화되자 화상의 수는 점점 늘어 1884년에는 서울과 인천에만 588명이 머물렀다고 해요. 1900년대 중국 화상들은 마직물, 비단, 한약재, 소금 등을 한국에 들여오고 인삼, 해산물 등을 중국에 내다 팔면서 그 상권을 확대해 나갔습니다. 화상의 수는 국권 피탈 후에도 꾸준히 늘어나 1923년에는 3만 3000여 명에 이르렀지요.

이들은 1920년대 전반부터 주로 잡화점, 비단 가게, 양장점, 이발소 등과 함께 중식당도 운영하기 시작했습니다. 이때 '중국집'이라는 표현도 생겨났지요. 중식당을 운영하는 사람들이 한 건물을 1층은 식당으로, 2층은 집으로 사용했기 때문에 사람들이 이 중식당을 '중국집'이라고 부른 겁니다.

1930년까지 꾸준히 늘던 화교 수는 1931년에 완바오산 사건이 터지면서 급격히 줄어듭니다. 이 사건은 완바오산 근처에서 일어난 조선인 농민과 중국인 농민 간에 벌어진 유혈 사태를 두고, 일본의 간계로 국내 언론들이 민족 감정을 자극하는 오보를 낸 사건입니다. 이로 인해 조선 내에서 중국인을 적대시하는 움직임이 일어나 화교의 수가 줄어들었지요. 1930년대 중반에 잠깐 늘어나기도 했지만 1937년에 발발한 중일전쟁으로 그 수는 다시 급격히 줄어들었습니다. 비슷한 시기에 중국 화상과 관련된 노래들도 나왔는

데, 1938년에 발표된 김정구의 〈왕서방 연서〉가 대표 곡입니다.

　제2차 세계대전이 발발하면서 중국인의 유입은 사실상 중단되었습니다. 하지만 1945년에만 해도 6만 2000여 명에 이르는 화교들이 여전히 남아 있었지요. 그런데 1948년에 수립된 대한민국 정부가 중국인의 입국을 강력히 단속한 데 이어 1950년에 한국전쟁이 발발하면서 화교 사회는 큰 타격을 입었습니다. 한국 정부가 수입 허가제 등을 통해 한국 무역상에게 매우 유리한 조치를 취한 데다 화교들이 활발히 활동하던 서울과 인천이 크게 파괴되었기 때문입니다. 그 결과 1949년에만 해도 서울에 서른여섯 개, 인천에 스물일곱 개나 되던 화교 무역 회사가 1954년에는 두 개만 남을 정도로 크게 줄었지요. 설상가상으로 1961년에 '외국인토지소유금지령'과 같은 각종 차별과 배제 조치가 이루어지면서 화교들은 농업과 제조업에 종사하기도 어렵게 되었습니다. 이 때문에 많은 화교들이 미국, 호주, 대만 등으로 떠나고 말았지요.

　현재 한국 내 화교 수는 2만 명 정도입니다. 그런데 중국과 멀지도 않은 한국에는 다른 나라에서 흔히 볼 수 있는 대규모의 차이나타운이 존재하지 않습니다. 인천 차이나타운이 있긴 하지만 다른 나라와 비교해 보면 화교의 흔적만 남아 있는 정도입니다. 이를 통해 매우 강한 생활력을 가진 화교도 한국인의 극심한 차별과 배제 앞에서는 어쩔 수 없었다는 것을 알 수 있습니다.

　자연스레 한국 화교들은 중국인으로서의 정체성을 상당히 강하게 유지하고 있습니다. 이는 한국 화교와 동남아 지역의 화교들을 비교해 보면 쉽게 알 수 있습니다. 필리핀은 화교의 귀화를 적극 권장했는데 그 결과 화교들은 소수 민족 집단으로서의 정체성을 포기하고 점차 필리핀 국민으로 통합되었습니다. 태국 역시 적극적인 동화 정책을 실시해 이곳의 화교들을 태국 문화에 통합시킨 모습을 보여 주지요. 반면에 말레이시아 사람들은 중국 화교에 배타적입니다. 그래서 말레이시아 화교들은 말레이시아 국민으로서의 정체성을 가지면서도 중국인으로서의 정체성도 버리지 않고 있지요. 동남아시아 여러 나라의 사례는 우리가 화교에게 어떤 태도를 보여야 하는지 다시금 말해 주고 있습니다.

한국에서 **외국인 신분**으로 산다는 것

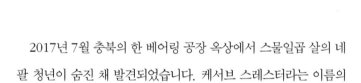

2017년 7월 충북의 한 베어링 공장 옥상에서 스물일곱 살의 네팔 청년이 숨진 채 발견되었습니다. 케서브 스레스터라는 이름의 이 청년은 다음과 같은 가슴 아픈 유서를 남겼지요.

(네팔어를 한국어로 옮김) 안녕하세요, 여러분. 저는 오늘 세상과 작별 인사를 합니다. 회사에서 스트레스도 받았고, 다른 공장에 가고 싶어도 안 되고 네팔 가서 치료를 받고 싶어도 안 됐습니다. 제 계좌에 320만 원이 있습니다. 이 돈은 제 아내와 여동생에게 주시기 바랍니다.

이 청년은 결혼한 지 두 달 만에 고용허가제를 통해 네팔에서 한국으로 왔습니다. 그리고 공장에서 1년 4개월 동안 일했습니다. 그런데 공장 일은 자신과 맞지 않았습니다. 하지만 사업주는 사업장 변경에 동의해 주지 않았고* 그는 여러 고민 끝에 스스로 목숨을 끊었지요.

그런데 이렇게 자살한 네팔 근로자가 한둘이 아닙니다. 케서브 스레스터 씨가 숨진 날, 충남 홍성의 한 돼지 농장에서 일하던 다벅 싱이라는 네팔 출신의 청년도 자살했습니다. 주한 네팔 대사관 자료에 의하면, 네팔 근로자가 고용허가제를 통해 한국에 들어오기 시작한 2007년부터 2017년까지 서른여섯 명의 네팔 근로자가 스스로 목숨을 끊었습니다. 자살한 사람이 이 정도면 경상이나 중상을 당한 사람은 이보다 훨씬 많겠지요. 참으로 안타까운 일입니다.

직업 선택의 자유를
보장하지 않는 고용허가제

외국인 근로자들은 어떻게 한국에 들어오게 되었고, 이들은 어떤 문제에 직면해 있을까요? 외국인 근로자가 한국으로 대거 들

---

* 한국의 고용허가제에 따라 한국으로 들어온 외국인 근로자들은 사업주의 동의 없이는 사업장 변경을 할 수 없다.

어온 것은 1980년대에 일어난 민주화 운동과 관련이 있습니다. 1987년 6월, 대통령 직선제와 민주주의를 요구하며 전국적으로 시위가 일어났습니다. 노동에 대한 정당한 대가를 요구하는 대규모 노동 운동도 있었지요.

이 운동으로 노동자의 임금이 대폭 상승했습니다. 이는 중소기업이나 영세 기업에게는 큰 부담이 되었지요. 그런 사업주들에게 이듬해에 열린 서울올림픽 대회는 천우신조였습니다. 이 대회의 개최로 한국의 경제 성장을 국외에 널리 알릴 수 있었기 때문입니다. 여기에 정부가 올림픽을 성공적으로 개최하기 위해 비자 발급 요건을 완화하자 많은 외국 젊은이들이 관광 비자로 입국한 다음 중소기업이나 영세 기업에 취업했습니다.

하지만 이것으로도 인력난을 해소하지 못한 기업체들이 외국 인력의 추가 도입을 요구하자 정부는 1991년에 산업연수생 제도를 도입했습니다. 이 제도의 기본 취지는 개발도상국의 젊은이들에게 선진 기술을 이전해 준다는 것이었습니다. 하지만 실상은 전혀 달랐습니다. 이들 대부분은 단순노동에 투입되어 선진 기술을 배울 수 없었고 연수생이라는 이유로 같은 일을 하고도 매우 적은 임금을 받았거든요.

이들 두고 사람들이 '현대판 노예 제도'라고 강하게 비판하자 정부는 2004년 8월에 고용허가제를 새롭게 도입했습니다. 이 제도는 외국인 근로자의 합법적 취업을 보장하고 노동관계법에 따라

임금과 복지 등을 국내 근로자와 동등하게 대우하는 제도였습니다. 물론 기존의 산업연수생 제도에 비하면 개선된 것은 맞습니다. 하지만 외국인 근로자는 매년 사업주와 근로 계약을 갱신해야 하고, 3년 동안 일한 뒤에는 일단 무조건 출국해 1년이 지나야만 다시 입국할 수 있습니다. 또 3년간 사업장을 최대 세 번까지 옮길 수 있는데, 사업주의 동의를 받거나 임금 체불, 근로기준법 위반 등 사업주의 명백한 잘못이 있을 때에만 가능하지요. 그런데 외국인 근로자가 사업장을 바꾸고자 하면, 사업주들은 대개 "내가 널 데려오기 위해 400만 원이나 들였다."는 식으로 말하며 쉽게 동의해 주지 않습니다. 사업주의 명백한 잘못을 입증하는 것 또한 한국어가 어눌한 그들에게는 어려운 일이지요. 이런 족쇄 때문에 외국인 근로자들은 한국인 고용주가 부당한 요구를 해도 참을 수밖에 없는 실정입니다.

외국인 혐오증, 제노포비아

부당한 대우는 단순히 노동권의 문제로만 볼 수는 없습니다. 제노포비아xenophobia, 즉 외국인 혐오증과도 관련이 있는 문제이기 때문입니다.

제노포비아의 기원은 19세기 말로 거슬러 올라갑니다. 1871년 독일의 정신과 의사 베스트팔은 '모임 장소' '시장'을 뜻하는 그리스어 아고라^{agora}와 '두려움'을 뜻하는 포비아^{phobia}를 합쳐 아고로포비^{agorophobie}라는 새로운 단어를 만들었습니다. 넓은 장소, 텅 빈 거리, 높은 다리 등 열린 공간에서 갑작스런 공포를 느끼는 환자들을 지칭하기 위해서였지요. 이 환자들은 아직 일어나지도 않은 일에 대해 걱정을 하고 자신의 무능력을 두려워하는 공통적인 증상을 보였습니다.

1873년 아고로포비로부터 아고라포비^{agoraphobie}라는 단어가 만들어졌습니다. '열린 공간을 지나가기 두려워함'을 의미했지요. 1903년에는 이 단어를 본뜬 제노포비아라는 단어가 만들어졌습니다. '낯선' '이상한'이라는 뜻의 그리스어 제노스^{xenos}와 포비아를 더해 '낯선 것에 대한 두려움'을 의미하는 단어를 만든 것이지요. 그리고 이 단어는 오늘날 낯선 사람들인 외국인을 혐오하는 증상을 일컫는 말로 굳어졌습니다.

외국인 혐오증은 19세기 말, 20세기 초 유럽에서 출현해 확산되었습니다. 이는 결코 우연이 아니었습니다. 당시 유럽에는 각 대륙에서 건너온 이민자들이 급증하기 시작했습니다. 북부나 서부의 유럽 사람들은 남부나 동부에서 온 이민자들을 자기보다 열등한 사람으로 여기고 무시했습니다. 특히 제1차 세계대전이 터진 뒤 삼국협상을 맺은 프랑스, 영국, 러시아와 삼국동맹을 맺은 독일, 오스트리아, 이탈리아가 수년간 치열하게 싸우면서 사람들은 외국인을 극도로 경계하기 시작했지요. 여권에 사진을 붙이고 출입국 시에 신원을 일일이 확인하기 시작한 것도 바로 이 시기부터입니다.

전쟁이 끝나도 지구 곳곳에서 갖가지 유형의 외국인 혐오증은 사라지지 않았습니다. 1970년대 중반부터 1980년대 말까지 루마니아를 통치한 차우셰스쿠는 "외국인을 환대하는 자는 개들이 그의 사지를 물어뜯을 것이고 쓰레기가 그의 집을 뒤덮을 것이며 악평이 그의 이름을 덧칠할 것이다."라고 말하며 극도의 외국인 혐오증을 드러내기도 했습니다.

한국인의 외국인 혐오증도 만만치 않습니다. 이는 2013년 5월에 발표된 세계가치관조사 결과만 봐도 쉽게 알 수 있습니다. 이 조사는 81개국 사람들에게 다른 인종이 이웃이 되는 것에 대해서 어떻게 생각하느냐고 물었습니다. 그 결과 외국인에게 가장 우호적인 사람들은 영국, 미국, 캐나다, 스웨덴, 노르웨이, 호주, 뉴질랜드, 브라질, 아르헨티나 사람들이었고, 가장 비우호적인 사람들은 방글라데시, 요르단, 인도 사람들이었습니다. 한국은 이집트, 사우디아라비아, 이란, 나이지리아, 알바니아, 베트남과 함께 그다음으로 비우호적인 나라로 분류되었습니다. 무려 세 명 중 한 명이 다른 인종이 이웃이 되는 것을 원치 않는다고 대답했지요. 일반적으로 소득 수준과 교육 수준이 높으면 외국인 혐오증이 낮았지만 한국은 예외였습니다.

이렇게 한국인이 외국인에 대해 강한 거부감을 보이는 것은 1970년대 이후 40여 년간 민족의식을 지나치게 강조했기 때문입니다. 이런 지나친 단일의식과 외국인 혐오증은 21세기 우리 사회를 해치는 독이 될 것이므로 가능한 한 빨리 완화시켜야 할 것입니다.

한국은
제노포비아의 나라

한국에 들어오는 외국인 유학생이 점점 늘고 있습니다. 여기에는 한류의 확산, 한국 기업의 해외 진출, 정부 및 대학의 유치 활동 등이 한몫했지요. 교육부의 2016년 국내 외국인 유학생 현황 조사에 따르면, 2006년에 3만 2557명이던 외국인 유학생이 2016년에는 10만 4262명으로 늘어났습니다. 10년 만에 3.2배나 늘어난 것이지요. 유학 행태별로 보면, 자비 유학생이 9만 703명으로 가장 많았고, 그다음은 대학초청장학생[7266명], 정부초청장학생[2734명], 자국정부파견장학생[1070명] 순이었습니다.

전체 유학생의 87퍼센트 정도를 차지하는 자비 유학생은 한국의 대학 및 사회에 재정적으로 큰 도움을 주고 있습니다. 그래서 정부와 대학은 이 외국인 '고객' 유치에 심혈을 기울이고 있지요. 물론 이들을 유치하는 데만 급급한 나머지 교육의 질은 등한시하는 대학들도 적지 않습니다. 이에 대해 한 지방대 교수는 "외국인 유학생은 단순히 돈벌이의 대상이 아니다. 지금 같은 상황이 계속되면 한국을 동경하고 공부하러 왔다가 우리를 증오하며 떠나는 상황이 되풀이될 수 있다."라고 우려하기도 했습니다.

2016년에 외국인 유학생을 과정별로 분류한 결과를 보면 학부생이 3만 8944명으로 가장 많았고, 그다음은 어학연수생 2만 6976명, 석사 과정생 1만 7282명, 기타 연수생 1만 4182명, 박사 과정생 6878명 순이었습니다. 학부생과 석사 과정생의 경우에는 인문사회 계열이 가장 많지만 박사 과정생의 경우에는 공학 계열이 인문사회 계열보다 조금 더 많은 편입니다. 외국인 유학생을 국가별로 분류해 보면, 중국이 6만 138명으로 전체의 57.7퍼센트를 차지했고, 그다음은 베트남 7.2퍼센트, 몽골 4.3퍼센트, 일본 3.5퍼센트, 미국 2.7퍼센트, 대만 1.9퍼센트 순이었습니다. 외국인 유학생 중 아시아 국가 출신이 74.6퍼센트나 되었지요.

한국으로 공부하러 온 외국인 유학생들은 학교와 사회에서 여러 가지 어려움을 겪고 있습니다. 2015년에 연세대학교 언어연구교육원에서 외국인 유학생 400명을 대상으로 한국 생활에서 가장 힘든 점을 조사해 본 결과, 예상대로 언어 문제가 33.7퍼센트로 가장 컸습니다. 그다음은 경제 문제 12퍼센트, 음식 문제 10.4퍼센트, 주거 문제 9.1퍼센트, 문화 차이 8.5퍼센트 순이었지요.

이 중 언어 문제는 개인이 해결할 수밖에 없는 문제이긴 합니다.

재한 외국인 유학생뿐만 아니라 전 세계 모든 유학생이 겪는 문제지요. 경제 문제, 음식 문제, 주거 문제도 외국 생활을 하다 보면 어쩔 수 없이 겪는 문제고요. 우리가 눈여겨볼 부분은 '문화 차이'입니다. 이 문제는 한국인의 태도에 크게 좌우되는 것이기 때문이지요.

2011년에 《동아일보》에서 서울, 충북, 경남, 경북, 전북에 있는 스물여섯 개 대학에 재학 중인 외국인 유학생 125명을 상대로 심층 면담을 진행했습니다. 전체 응답자의 68퍼센트에 해당하는 여든다섯 명이 "학교 안팎에서 '제노포비아'로 인한 차별 또는 따돌림을 겪었다."라고 대답했습니다. 열 명 중 일곱 명이 외국인이라는 이유만으로 차별을 받은 적이 있다는 것이지요. 이 밖에 "한국어가 서투르거나 피부색이 다르다는 이유로 조별 모임 및 수업에서 소외된 적이 있다."라고 응답한 유학생도 서른한 명이나 되었습니다.

더욱 놀라운 것은 교수가 외국인 왕따를 조장하는 경우도 있었다는 점입니다. 전공 필수 수업인데도 교수가 한국어를 못한다는 이유로 "중국인은 모두 나가."라고 한 경우, 부당하게 F학점을 받았지만 이유를 설명해 주지 않은 경우, 외국인이어서 발표 순서에서 제외된 경우 등 부당한 대우를 받은 학생이 열한 명이나 있었지요. '지성의 전당'이라 불리는 대학에서 반지성적 행태가 벌어지는 현실이 참으로 안타깝습니다.

현재 한국의 외국인 주민은 4퍼센트가 넘었습니다. 그리고 앞으로 점점 늘어날 전망이지요. 이제 이런 제노포비아는 서둘러 개선해야 합니다. 재한 외국인 유학생은 자국으로 귀국 후 대학교수, 연구원, 공무원 등으로 일하며 한국을 홍보해 줄 사람들입니다. 이런 이들을 적으로 만드는 것은 매우 어리석은 일이 아닐까요?

이방인 취급을 받는 국적만 **같은 한국인**

2017년 9월, KBS1의 〈시사기획 창〉이라는 프로그램에서 '분단의 방랑자들'이라는 제목으로 탈북자의 현실을 자세히 보도한 적이 있습니다. 이 프로그램의 내용 중 가장 충격적이었던 것은 죽음을 각오하고 탈북한 사람들이 다시 탈남을 하고 있다는 사실이었습니다.

같은 피가 흘러도
2등 국민인 탈북자

탈북자들이 탈남을 하는 첫 번째 이유는 탈북을 해도 남한이나

정상적인 우리가 되지 못한 사람들

미국에만 살지 않으면 북한에 있는 가족들이 다치지 않기 때문입니다. 두 번째 이유는 남한 사람들의 무시와 차별입니다. 한 탈북자 부부는 열심히 일해 자신들의 식당을 마련했지만 이 식당 이야기가 텔레비전 방송에 나가자 사람들이 배달 오토바이를 넘어뜨리고 수시로 전화해 욕설을 퍼붓는 등 심한 차별을 했다고 합니다. 그래서 결국에는 식당 문을 닫을 수밖에 없었지요.

그래서 많은 탈북자들이 영국, 독일, 캐나다 등 제3국으로 옮겨가고 있습니다. 흥미롭게도 영국에서는 탈북자와 남한 사람들이 별 갈등 없이 잘 지낸다고 합니다. 거기서는 남한 사람이나 북한 사람이나 모두 똑같은 이방인이기 때문이지요.

영국에 살고 있는 어느 탈북자는 다음과 같이 고백했습니다.

> 한국에서 한국인들이 탈북자를 2등 국민 취급하는 것을 견딜 수 없었다. 하지만 여기 영국에서라면 괜찮다. 이곳에는 많은 2등 국민이 있고 심지어 3등 국민인 인도계, 파키스탄계 무슬림 그리고 다른 흑인들도 있기 때문이다. 나도 그들의 일부일 뿐이다.

탈북자들은 대개 압록강이나 두만강을 건너 중국의 동북 3성인 길림성, 요령성, 흑룡강성으로 탈출했다가 러시아, 몽골, 동남아시아로 넘어간 다음 한국으로 들어옵니다. 통일부에 따르면 과거에는 정치적 박해로 인한 망명형 탈북이 많았지만 2005년부터는 굶

주림으로 인한 생계형 탈북이 많았고 최근에는 자녀 교육과 더 나은 생활을 위한 이민형 탈북이 늘어나고 있습니다. 그리고 2001년부터 2005년까지는 1000~2000명 정도가, 2006년부터 2011년까지는 2000명 이상이 입국했으나 2012년부터는 다시 1000~2000명 정도로 입국하는 사람들이 줄어들었습니다.

2017년 8월을 기점으로 전체 탈북자 수는 3만 명이 넘어섰습니다. 탈북자의 연령을 살펴보면 30대29퍼센트와 20대28.5퍼센트가 절반 이상이었고, 학력은 중·고등학교 졸업이 69.8퍼센트로 가장 많았습니다. 또 무직47.2퍼센트, 노동자38.4퍼센트였던 사람 순으로 탈북을 많이 했고, 성별로 살펴보면 여성이 전체의 70퍼센트 정도를 차지했지요.

통일부와 하나 재단이 2013년 12월까지 입국한 열다섯 살 이상의 탈북자 1만 2777명(남성 3239명, 여성 9538명)을 대상으로 설문 조사한 적이 있는데, 67퍼센트가 남한 생활에 만족한다고 대답했습니다. 남한 생활이 만족스럽지 않다고 대답한 사람들은 경제적 어려움57.7퍼센트, 탈북자에 대한 각종 차별45.9퍼센트, 남한 사회와 문화에 대한 부적응28.7퍼센트 등을 이유로 꼽았지요. 이 중에서 우리는 각종 차별을 받았다는 답변에 주목해야 합니다. 실제로 탈북자들은 말투와 생활 방식, 태도 등 문화적 소통 방식이 다르다는 이유로 많은 무시를 받는다고 합니다. 일부 탈북자들은 외국인 근로자에 대한 편견보다 탈북자에 대한 편견이 훨씬 더 심해서 스스로를 조선족이라고 소개한다고도 했습니다.

우리는 어릴 때부터 '꿈에도 소원은 통일'이라고 배웁니다. 만약 탈북자에 대한 무시와 차별이 계속된다면 꿈에도 소원인 통일은 공허한 메아리가 아닐까요?

한국인과 결혼해도
여전히 베트남신부

한국인과 결혼한 외국 여자들도 큰 어려움을 겪고 있습니다. 한국인과 결혼해도 한국인 대우를 받지 못하고, 베트남 신부나 캄보디아 신부처럼 자신의 출신 나라를 강조하는 말로 불리기 일쑤입니다. 자신의 남편이나 시어머니에게도 한국인으로 대우받지 못하지요.

게다가 현재의 국제결혼 방식은 신부를 '사오는' 행위에 가깝다 보니 이주 여성들은 남성들과 동등한 인격체로 인정받지 못하고 남성의 소유물로 여겨지곤 합니다. 오죽하면 캄보디아 정부가 2010년에 자국 여성과 한국 남성의 결혼을 한시적으로 금지하기까지 했을까요? 캄보디아 정부가 이런 조취를 취한 이유는 '결혼 중개소를 통한 결혼을 금지한다.'는 자국법 때문이지만 이 조치가 유독 한국에 대해서만 취해졌다는 데는 분명히 또다른 이유가 있습니다.

한국으로의 결혼 이민이 본격적으로 시작된 것은 1990년대 초반입니다. 하지만 그 배경은 1960년대로 거슬러 올라갑니다. 당시 한국은 산업화, 공업화를 내세우며 대도시 주변에 공단을 많이 만들었습니다. 1965년에 만든 구로공단과 1971년에 만든 영등포공단이 그 대표적인 경우지요. 이 공단들은 주로 농촌에서 인력을 구했는데 이때 남성보다는 여성들이 더 많이 공장으로 들어갔습니다. 남성들은 유교적 전통에 얽매여 고향을 떠나기 어려운 반면에 여성들은 출가외인이라 비교적 쉽게 고향을 떠날 수 있다고 생각했기 때문입니다.

이런 상황이 20년 이상 지속되자 1980년대 후반에는 농촌에 결혼을 하지 못한 채 나이만 먹는 총각들이 많아졌습니다. 이는 단순히 결혼을 못하는 문제만이 아니었습니다. 노인 부양, 농촌 황폐화, 저출산 등과 연결되는 복합적인 문제였지요.

이 문제를 해결하기 위해 농촌진흥청은 1980년대 후반부터 '농촌 총각 성혼 돕기 사업'을 실시했습니다. 이 사업은 초기에는 어느 정도 성과를 거두었으나 1990년대 초부터는 지지부진해졌습니다. 그래서 찾아낸 대안이 조선족과의 결혼이었습니다. 1992년에 이루어진 한·중 수교는 이 결혼을 가속화시켰지요. 이후 국제결혼은 베트남, 필리핀, 캄보디아 등으로 확대되었고 2002년 이후에는 매년 30퍼센트 정도의 높은 증가율을 보였습니다. 하지만 2014년 4월부터 결혼 이민 사증 발급 심사를 강화하고 국제결혼 안내 프로그램 이수를 의무화하면서 국제결혼은 최근 3년 동안에 평균 0.3퍼센트 정도 감소했지요.

2016년 법무부『출입국외국인정책 통계연보』에 따르면, 결혼 이민자 수 15만 2000명 중 85퍼센트가 여성이었습니다. 이들의 생활은 상당히 어렵습니다. 한국어가 어눌해 의사소통에 어려움을 겪고, 남편의 경제력 부족으로 생활이 어려울 뿐만 아니라 남편이나 시부모로부터 무시당하는 경우가 비일비재하지요. 자녀 양육 및 교육에 큰 어려움을 겪는 것은 말할 필요도 없고요.

무엇보다 이들은 같은 사회 구성원으로 인정받지 못합니다. 한국인들은 이들을 계속 이방인으로만 취급하고, 한국 밖으로 내보내기도 합니다. 심지어 출산율을 높이는 자원으로만 생각하는 경우도 있습니다. 이제는 이주여성들을 베트남 신부나 캄보디아 신부가 아니라 제대로 된 이름으로 부르고, 우리 사회의 구성원으로 받아들여야 하지 않을까요?

한국은 이민자가 필요한 나라

'이주'는 영어로 'migration'이라고 합니다. 이 단어는 라틴어 동사 미그라레[migrare]에서 유래했는데, '한 장소에서 다른 장소로 옮기다.'라는 뜻이지요. 이렇게 장소를 옮기는 것은 크게 두 가지 경우입니다. 하나는 안으로 들어오는 것이고 다른 하나는 밖으로 나가는 것이지요. 영어에서는 전자를 'in'에 해당하는 'im-'을 붙여 'immigration'이라고 하고, 후자는 'out'에 해당하는 'e-'를 붙여 'emigration'이라고 합니다.

일반적으로 이주가 일어나기 위해서는 세 가지의 조건이 필요합니다. 수요, 공급, 중계망이지요. 이 세 가지를 좀 더 자세히 살펴보기로 할까요?

먼저, 어느 지역이나 국가에서도 이민자는 필요합니다. 한국 역시 외국인 근로자와 결혼 이민자를 많이 필요로 하지요. 그래서 '수요'가 발생합니다. 한국이 외국인 근로자가 필요한 이유는 한국인이 힘들고 위험한 일을 기피하기 때문입니다. 또 여성 결혼 이민자를 필요로 하는 이유는 한국 여성이 경제적으로 열악한 농어촌으로 시집가지 않으려 하기 때문이지요.

다음으로 어떤 지역이나 국가에서 정치적으로나 경제적으로 너무 어려워 사람들을 밖으로 내보내는 경우 '공급'이 발생합니다. 내전이나 박해가 일어나면 사람들은 그 지역이나 국가를 떠날 수밖에 없지요. 이들이 바로 난민입니다. 최근 발생한 가장 큰 규모의 난민은 2015년에 지중해와 남동유럽을 통해 유럽연합 내에 들어온 사람들로, 약 40만 명이 자신의 나라를 떠나왔지요. 또 나라가 극심한 빈곤에 시달리면 사람들은 그 나라를 떠납니다. 2006년에 세계은행이 발표한 자료에 따르면, 전 세계 200여 개 국가의 국민 소득은 250달러에서 5만 달러까지 엄청난 차이를 보입니다. 서른 개 고소득 국가의 인구는 세계 인구의 1/6에 불과하지만 세계 소득의 80퍼센트를 차지하고 있지요. 이런 경제적 차이는 저소득 국가의 젊은이들을 고소득 혹은 중소득 국가로 밀어내는 요인이 됩니다.

마지막으로, 사람들이 실제로 이주하려면 적절한 중계망이 있어야 합니다. 이 중계망은 다시 교통수단, 통신 수단, 권리라는 요소로 구성됩니다. 이 세 요소는 20세기를 거치면서 급속도로 발달했습니다. 18세기 사람들은 거액의 뱃삯을 마련하기 위해 수년간 일해야 했지만, 오늘날의 사람들은 2500달러만 있으면 비행기를 타고 세계 어디라도 갈 수 있습니다. 캘리포니아 농장의 구인 정보가 고작 수십 마일 떨어져 있는 인근 주민보다 수천 마일 떨어져 있는 멕시코 시골 사람에게 더 빨리 알려질 수도 있지요. 인터넷과 휴대전화로 대표되는 통신 수단의 발달이 이뤄 낸 결과는 그야말로 획기적입니다. 권리의 신장 역시 중요한 중계망입니다. 오늘날에는 유엔이나 유럽연합과 같은 국제 기구들이 이민자나 난민의 법적 지위를 신장시키기 위해 여러 가지로 노력하고 있지요.

그렇다면 이민은 수용국에 실이 될까요, 득이 될까요? 일단 수용국은 이민자들을 대상으로 언어 및 문화 교육을 실시하고 의료 및 사회 보험 보장 등의 여러 가지 서비스를 제공해야 한다는 점에서

실이라 할 수 있습니다. 또 이민자들이 일자리를 두고 수용국의 하층민과 갈등을 야기할 수도 있고, 이민자 수가 지나치게 많아지면 국가의 정체성을 위협할 수도 있지요.

하지만 득도 있습니다. 이민자들은 문화적 풍요로움을 제공해 주고 경제적으로나 인구 구조상으로 도움을 줄 수 있습니다. 한국의 경우처럼 저출산 및 노령화가 아주 심각한 사회 문제인 국가에는 더욱 그렇지요. 예를 들어 농어촌의 결혼 이민자 여성들은 한 남자의 아내, 한 자녀의 어머니, 한 집안의 며느리, 한 지역의 주민으로서 일인 다역을 수행하고 있습니다. 만약 이들이 없었다면 시골에서는 아기 울음소리가 오래전에 끊겼을 것이고 주거 환경은 지금보다 훨씬 더 나빠졌을 겁니다. 이런 측면에서 이민자들은 한국 사회에 일정 부분 '기여'하고 있다고 할 수 있습니다. 실제로도 지금까지의 연구들을 종합해 보면, 이민자들은 장기적으로 봤을 때 수용국의 경제에 긍정적인 영향을 주거나 최소한 중립적인 영향을 끼친다고 말할 수 있습니다.

▶▶

세계 **난민** 문제 기여도가
0퍼센트인 나라

난민은 전쟁이나 재난을 당하여 곤경에 빠진 사람을 말합니다. 영어로는 'refugee'라고 하지요. 이 단어의 어원은 프랑스어 르퓌쥐에refugié입니다. 르퓌쥐에는 '피난처를 가지다.'라는 동사 르퓌지에refugier에서 파생한 명사지요.

르퓌쥐에가 영어로 사용되기 시작한 것은 1680년대부터입니다. 1685년에 낭트 칙령이 폐기되자 위협을 느낀 프랑스 신교도 위그노Huguenots들이 외국으로 망명했는데, 이들이 바로 최초로 난민이라고 불린 사람들입니다. 이 단어는 1914년까지 주로 '보호 시설을 찾는 사람'을 의미했습니다. 이후 제1, 2차 세계대전이 발생하면서 생겨난 많은 난민들을 가리키는 데 쓰였지요.

최근 가장 큰 규모로 난민이 발생한 것은 유럽 난민 사태입니다. 2015년에 시리아, 이라크 등과 같은 중동 국가와 나이지리아, 소말리아 등과 같은 아프리카 국가 그리고 아프가니스탄, 파키스탄 등과 같은 남아시아에서 많은 난민들이 생겨나 지중해 또는 남동 유럽을 통해 유럽으로 몰려들었지요. 2015년 11월 기준 유엔난민 기구의 자료에 따르면, 2015년 초부터 지중해를 통해 유럽으로 온 난민 중 52퍼센트는 시리아인이고, 19퍼센트는 아프가니스탄인이 며, 6퍼센트는 이라크인이라고 합니다. '유럽 난민 사태'라는 말은 2015년 4월에 난민 2000명을 태운 난민선 다섯 척이 지중해에서 침몰해 이 중 1200명 이상이 사망하면서 널리 쓰이게 되었지요.

요즘 한국 사회도 예멘의 난민들로 소란스럽습니다. 그 주된 이 유는 올해 들어 난민 신청을 한 예멘인이 급증했기 때문입니다. 2018년 6월 법무부 보도 자료에 의하면, 1994년부터 2017년까지 난민을 신청한 예멘인은 430명에 불과했으나, 2018년 한 해에는 벌써 552명이 넘었다고 합니다. 한 해를 절반도 넘기지 않은 5월 에 말입니다. 예멘인 난민 신청자가 급증한 것은 2017년 12월에 생긴 말레이시아와 제주도 사이의 직항 편과 깊은 관련이 있어 보 입니다. 말레이시아는 예멘 사람들을 3개월 무비자로 받아들이는 매우 드문 나라들 중 하나고, 한국은 대부분의 나라 사람들을 3개 월 무비자로 받아들이는 나라입니다. 예멘 사람들은 이 점을 활용 해 제주도에 온 것이지요.

이렇게 예멘인 난민 신청자가 급증하자 한국인의 태도도 점점 부정적으로 바뀌고 있습니다. 한 여론 조사 전문 기관에 따르면, 이들의 수용을 반대하는 비율은 49퍼센트에서 53퍼센트로 올라갔고, 찬성하는 사람은 39퍼센트에서 37퍼센트로 낮아졌습니다. 이런 부정적인 태도는 청와대 국민청원 게시판에서도 확인할 수 있습니다. 2018년 7월 11일 기준으로 약 70만 명이 "제주도 불법 난민 신청 문제에 따른 난민법, 무사증 입국, 난민 신청 허가 폐지/개헌을 찬성합니다."라고 청원했습니다. 일부 사람들은 광화문에 나와 난민법 및 무사증 제도를 폐지하라고 촉구하며 집회까지 열고 있습니다. 이렇게 예멘 난민 수용을 반대하는 사람들은 대개 '난민=이슬람=테러=범죄'라는 비약적인 논리를 내세우며 안전 문제, 문화적 갈등 등을 근거로 내세웁니다. 이와 반대로 예멘 난민 수용을 찬성하는 사람들은 한국이 아시아 최초로 난민법을 제정한 나라인 점과 난민 보호는 국제 사회의 일원으로 당연한 의무인 점을 강조합니다.

실제로 한국은 1992년에 난민협약에 가입한 후 1994년부터 난민 관련 업무를 시작했고 2013년에는 별도의 난민법을 제정해 시행하고 있습니다. 하지만 한국이 1994년부터 2018년 6월까지 난민 신청을 한 약 4만 2000명 중에서 난민으로 인정해 준 사람은 849명으로 전체의 3퍼센트에 불과합니다. 난민의 숫자도 숫자지만 난민 인정률을 보면 참으로 부끄럽습니다. 이는 한국이 난민을 인정하는 데 매우 인색하다는 것을 의미하니까요. 실제로 국제구호단체 옥스팜에 따르면, 세계 난민 문제에 대한 한국의 기여도는

0퍼센트라고 합니다. 유엔 사무총장을 연임시킨 나라라고는 믿기 어려운 수치지요.

다시 예멘 난민 이야기로 돌아가서, 이들을 난민으로 인정하거나 인정하지 않기 위해서는 무엇보다도 먼저 이들의 상황을 정확하게 파악해야 합니다. 이들이 정말 전쟁이나 박해를 피해 난민 신청을 했다면 이들을 당연히 받아들여야 하지만, 일부에서 주장하듯이 일자리를 찾아 거짓으로 난민 신청을 했다면 받아들이지 말아야 할 것입니다.

이 문제는 담당 부서인 법무부에 맡기기로 하고, 여기서는 난민과 관련해 두 가지 사실만 환기시키고자 합니다. 하나는 과거에 많은 한국인들이 난민이었다는 사실입니다. 20세기 초, 일본이 조선을 강제로 합병하자 이를 반대한 사람들이 '정치 난민'이라는 이름으로 중국, 미국 등지로 나갔습니다. 우리가 존경하는 김구 선생이나 초대 대통령인 이승만 박사도 모두 정치 난민이었지요. 또 20세기 중반에는 한국전쟁으로 생겨난 많은 전쟁고아들이 '전쟁 난민'이란 이름으로 미국, 프랑스 등지로 나갔고요.

나머지 하나는 한국이 세계에서 난민을 가장 잘 받아들이지 않는 나라 중 하나라는 사실입니다. 문경란 인권정책연구소 이사장이 한 신문에 실은 글을 보면, 우리 곁에 살고 있는 난민들이 우리 눈에 보이지 않고 우리 귀에 들리지 않는 것은 이들이 우리의 무관심 속에, 아무런 연결망도 없이 고립된 채 마치 '점'처럼 살고 있기 때문이라고 합니다.

앞서 말한 것처럼 한국에서는 난민으로 인정받기도 어렵고, 설사 난민으로 인정받는다고 해도 여기저기서 심한 차별의 대상이 됩니다. 일터에서 같이 일하고도 식사는 따로 하고 셋방도 쉽게 구하지 못할뿐더러 자녀를 마음 놓고 학교에 보내지도 못합니다. 마음을 터놓고 말할 수 있는 한국인 친구가 극소수인 것은 말할 필요도 없고요.

난민은 자신의 나라에서 정치적, 종교적, 경제적 이유로 심한 박해를 받아 피난처를 찾아온 사람들입니다. 그야말로 뿌리가 뽑힌 사람들이지요. 그래서 새로운 피난처에서 새로운 뿌리를 내리려고 하지만 이것은 생각처럼 쉽지 않습니다. 특히 한국처럼 혈연, 지연, 학연이 단단히 뿌리내리고 있는 나라에서는 더욱 그렇지요. 이제 새로운 정부도 들어섰고 인권과 다자외교에 밝은 전문가가 외교부 장관으로 기용되었으니 난민에 대한 우리의 인식도 개선되길 기대해 봅니다. 국제 사회의 일원으로서 그에 따르는 우리의 책무를 다시 확인해야 합니다.

4부

영원한 우리도,
영원한 이방인도 없다

오늘날 한국에서 '이주노동자'라고 하면 대개 한국인
이 기피하는 더럽고, 어렵고, 위험한 일에 종사하는 외
국인 근로자를 떠올립니다. 하지만 과거에는 한국인도
다른 나라로 가서 이런 3D 업종에 종사한 적이 있습니
다. 누군가로부터 외국인 근로자이자 불법 체류자 취
급을 받으며 심지어 쫓겨 다닌 적도 있습니다.

자의 반 타의 반으로 흩뿌려진 **재외한인**

혹시 가족이나 친척 중에 외국에 나가 사는 분이 있나요? 외국에 살거나 체류하는 한국인 또는 한국계 후손을 '재외한인'이라고 부릅니다. 외교통상부 통계에 의하면, 재외한인의 수는 약 700만 명이고(재외동포재단은 743만 명으로 추산), 가장 많은 재외한인이 있는 나라는 중국250만 명, 미국210만 명, 일본90만 명 순이라고 합니다.

743만 명이라는 숫자는 남북한 인구의 10.2퍼센트에 해당합니다. 이는 다른 나라와 비교해 볼 때 매우 높은 수치입니다. 중국은 5500만 명이 나가 살지만 전체 인구의 4퍼센트에 불과하고, 일본은 175만 명이 나가 살지만 전체 인구의 1.4퍼센트밖에 되지 않거든요. 이렇게 보면 한국은 대표적인 디아스포라diaspora의 나라라 할 수 있습니다. 디아스포라는 그리스어로, 디아dia는 '가로질러'라는 뜻이고, 스포라·sporà는 '흩뿌리다'라는 뜻입니다. 이 정의에 따르면 한국인은 세계를 가로질러 여기저기에 '흩뿌려진' 민족이라 할 수 있지요.

한국인은 언제부터 이렇게 흩뿌려졌을까요? 학자들은 대개 1860년대부터로 봅니다. 그 이전에는 전쟁 포로로 잡혀가거나 조공 차원에서 보내지는 사람들이 대부분이었지요. 1860년대에는 한반도 북쪽에서 수해가 자주 일어났습니다. 그러자 함경도 사람들은 굶주린 배를 끌어안고 두만강을 건너 간도로 갔지요. 평안도 사람들은 압록강을 건너 심양으로 갔고요. 1903년에는 조선과 미국 간의 이민 계약에 따라 조선인 102명이 하와이의 사탕수수밭으로 갔습니다. 이후 하와이로의 이민은 계속 이어져 1905년에는 사탕수수밭에서 일하는 전체 인구의 약 10퍼센트가 조선인이었지요. 이들은 무더운 사탕수수밭에서 이름 대신 번호로 불리며 노예 같은 생활을 이어 갔습니다. 같은 해에 일본 회사가 조선인 1000여 명을 모집해 멕시코의 에네켄* 농장으로 데려가는 일도 있었습니다. 조선인들은 멕시코의 불볕더위 아래에서 날카로운 가시에 찔리는 고통을 참아 가며 하루 열두 시간씩 힘들게 일했지요.

---

* 용설란과의 상록 여러해살이풀.

국권 피탈 이후
강제적으로 끌려간 재일한인

　1910년에 일제에 국권이 피탈된 이후 200만 명 이상의 조선인이 자의 반 타의 반으로 일본에 갔습니다. 이들은 주로 단순노동에 종사하며 하층민으로 살아갔습니다. 그중 2만여 명은 뼈아픈 사건으로 희생되기도 했지요.

　히로시마는 나가사키와 더불어 원폭을 맞은 도시로 알려져 있습니다. 저는 2017년에 학술 대회에 참석 차 방문해 이 히로시마를 둘러볼 수 있었지요. 이 도시에는 평화기념공원이 있는데, 공원 한편에는 한국인원폭희생자위령비가 서있습니다. 그 옆 작은 비석에는 다음과 같은 글이 적혀 있지요.

　　1945년 8월 6일 원폭 투하로 2만여 명의 한국인이 순식간에 소중한 목숨을 빼앗겼다. 히로시마 시민 20만 희생자 수의 1할에 달하는 한국인 희생자 수는 묵과할 수 없는 숫자다.

　이 기록에 의하면 원폭 희생자 열 명 중 한 명이 한국인이었습니다. 그렇다면 당시 일본에는 몇 명의 한국인이 있었던 걸까요?

　1876년, 강화도조약(병자수호조약, 조일수호조규)을 보완하는 병자수호조규부록에는 조선인이 일본에 거주할 수 있는 법적 근거가 있었습니다. 하지만 이때까지만 해도 일본에 거주하는 조선인들은 거의 없었지요. 일본 정부의 공식 통계에 따르면, 1882년에는 네 명에 불과했고, 1909년에도 790명에 그쳤다고 합니다.* 이들 대부분은 유학생이었지요.

조선인이 본격적으로 일본에 간 것은 국권 피탈 이후입니다. 일제의 토지조사사업**으로 삶의 터전을 잃은 농민들이 더 나은 삶을 찾아 일본으로 떠난 것입니다. 때마침 일본은 1914년에 일어난 제 1차 세계대전으로 호황을 누리고 있었고, 외국인 근로자를 많이 찾고 있었지요. 이에 따라 일본에 거주하는 한인 수는 1915년에 3917명이었다가 1920년에는 3만 189명이 되었습니다. 5년 만에 무려 여덟 배나 늘어난 것입니다.***

한인의 수가 늘어나자 일본인의 무시와 차별도 거세졌습니다. 1923년의 관동 대학살이 대표적인 사례입니다. 1923년 9월 1일 일본에서 대지진이 발생해 엄청난 수의 사상자가 나왔습니다. 일본은 민심의 동요를 막기 위해 한인들이 폭동을 일으키고 우물에 독극물을 넣는다는 유언비어를 퍼뜨렸습니다. 이에 일본인들은 각 지방별로 자경단을 조직해 재일한인들을 대대적으로 학살했

***

* 윤인진 지음, 『코리안 디아스포라』, 고려대학교출판부(2004), 153쪽.
** 1910년부터 1918년까지 일제가 한반도에서 식민지적 토지 제도를 확립할 목적으로 실시한 대규모의 조사 사업.
*** 같은 책, 154쪽.

지요. 독립운동가 김승학은 『한국독립운동사』에서 학살된 한인의 수를 6066명으로 집계했습니다.

　1939년까지의 도일[渡日]은 어느 정도 자발적이었다면, 이후부터 1945년까지의 도일은 강제적으로 이루어졌습니다. 일본은 1937년에 중일전쟁을 개시하면서 1938년 4월에 국가총동원법을 제정한 데 이어 1939년 7월에는 노동력동원계획을 발표했습니다. 또 같은 해 9월에 '조선인 노동자 모집 및 도항 취급 요강'도 발표했는데, 말이 모집이지 실제로는 강제 연행이었습니다. 연행된 조선인들은 처음에 광산이나 탄광으로 보내졌으나 점차 철강업, 토목업 등에도 투입되었습니다. 1939년부터 1945년까지 이렇게 강제 연행된 한인 노동자는 72만 5000명에 달합니다. 여기에 군인과 군속 36만 5000명을 더하면 그 수는 100만 명이 넘지요. 이와 더불어 20만 명의 여성이 여성자원봉사대라는 이름으로 동원되었는데 이 중 8만여 명은 위안부로 동원되었습니다.

　이렇게 자발적으로 또는 강제적으로 일본에 간 한인은 1945년에 일제가 패망할 당시에만 236만 명에 달했습니다. 이들 중 100만 명 이상이 해방과 함께 귀국하면서 재일한인 수는 대폭 줄어들었지요. 그 수는 1950년에 100만 명 정도로 줄었고 1959년부터 1984년까지 9만 3000여 명의 재일한인들과 2000여 명의 일본인들이 북송선에 오르면서 다시 줄어들었습니다. 2002년에 추산된 재일한인의 수는 62만 5000명이라고 합니다. 하지만 일본으로 귀화하거나 자녀를 일본 국적으로 등록하는 재일한인이 늘어나면서 그 숫자는 지금도 줄어들고 있습니다.

재일한인과 관련해 한 가지 우려스러운 점이 있습니다. 한국인들은 대개 재일한인들이 일본으로 귀화하면 민족성을 버린 것처럼 생각하며 그들을 더 이상 한인으로 간주하지 않습니다. 이런 반응은 미국 시민권을 획득한 재미한인들을 계속 한인으로 여기는 것과는 대조적인 반응입니다. 일본인에 대한 한국인의 감정이 좋을 수는 없지만 이 감정을 재일한인에게까지 연결시키는 것은 다시 생각해 보아야 하지 않을까요?

적성민족이라는 꼬리표를 단 채 쫓겨 다닌 고려인

얼마 전 전라남도 광주광역시 광산구의 한 중학교에서 강연을 했습니다. 교장 선생님은 강연을 시작하기 전에 저에게 그 지역의 상황에 대해 자세히 설명해 주셨지요. 광산구에는 고려인들이 특히 많은데 그 수는 약 3000명이며 한국에서는 안산시 땟골마을 다음으로 많다고 말입니다.

이때 한 가지 의문이 들었습니다. 우리는 왜 그들을 고려인이라고 부를까요? 그들은 정말 고려와 관련이 있을까요?

'고려인'은 1991년에 결성된 독립국가연합*에 거주하는 한민족을 통칭하는 말입니다. 러시아에서는 '코료사람Корё-сарам'이라고 부르지요. 본래 고려인은 자신들을 '조선인'이라고 불렀으나, 1988년에 개최된 서울올림픽을 계기로 전소全蘇고려인협회가 창설되면서 그때부터 고려인으로 부르기 시작했습니다. 자신들의 국적이 조선도, 한국도 아닌 소련인 데다 언어와 문화도 남북과 상당히 다르기 때문에, 그 어느 쪽도 아닌 고려인이라는 용어를 택한 것이지요. 결국 고려인이라는 용어는 고려 왕조와 전혀 관계없이 단지 남북 분단이라는 특수한 현실이 낳은 산물인 셈입니다.

2005년 8월의 통계에 따르면, 고려인은 전 세계에 53만 명 정도가 있다고 합니다. 그 수가 가장 많은 곳은 약 20만 명이 거주하고 있는 우즈베키스탄입니다. 그다음은 약 19만 명이 사는 러시아지요. 그리고 그 뒤로는 약 10만 명이 사는 카자흐스탄과 약 2만 명이 사는 키르기스스탄이 있습니다.

최초의 고려인은 1860년대 중반에 두만강 북쪽의 연해주로 간 사람들입니다. 이들은 뛰어난 농업 기술과 특유의 근면성으로 부를 축적했습니다. 한인 자치주까지 만들 수 있을 정도로요. 하지만 이들의 노력은 러시아주의에 부딪혀 좌절됐습니다. 러시아는 변방

---

* 1991년 12월 31일에 소련이 해체되면서 소련에 속해 있던 구성 공화국 중 열한 개국이 결성한 정치 공동체.

지역을 이방인보다는 러시아인이나 유럽계 이민자들에게 맡기고 싶어 했기 때문입니다. 1937년에 스탈린이 일본과의 전쟁을 앞두고 고려인이 일본군의 첩자 노릇을 할 것이라고 의심했던 탓도 있습니다.

결국 스탈린은 의심을 거두지 못하고 17만 5000명의 고려인을 중앙아시아로 강제 이주시켰습니다. 1937년 8월 21일부터 그해 12월 말까지 계속된 이 강제 이주는 수난 그 자체였지요. 당시 고려인들은 출발하기 5~6일 전에 갑작스레 통보를 받아 집이나 가축 등을 제대로 팔지 못한 채 서둘러 떠나야 했습니다. 대부분 허름하고 낡은 화물차나 가축 차량을 타고 한 달이나 걸리는 먼 거리를 이동해야 했지요. 그 과정에서 1만 1000명이나 사망했습니다.

1941년에 독일이 소련을 침략하면서 고려인의 수난은 다시 시작되었습니다. 이들은 노동군으로 동원되었지만 여전히 적성敵性민족*, 일본군의 첩자 등으로 의심받았습니다. 그래서 정식 군대로 편입되기보다는 탄광, 군수 공장, 건설 현장, 벌목장 등에서 강제 노역을 해야만 했지요.

적성민족이라는 꼬리표는 전후에도 계속 따라다녔습니다. 이를 잘 알고 있던 고려인들은 정치, 군사, 공직 분야로의 진출을 포기하

---

* 전쟁의 당사국이 적으로 여기는 민족.

고 자신의 재능과 능력을 인정받을 수 있는 경제 분야로 대거 진출했지요. 그리고 그렇게 축적한 자본으로 자녀의 고등 교육에 매진했습니다. 그 결과 고려인은 러시아인과 원주민 사이에서 중개적인 역할을 수행하며 조금씩 상류 계층으로 발돋움해 나갔습니다.

하지만 1991년에 소련이 해체되고 중앙아시아 국가들이 독립하면서 고려인은 또 다른 어려움에 직면했습니다. 원주민들이 실권을 잡으면서 다른 민족을 차별했기 때문입니다. 러시아인, 독일인, 유태인 등은 이런 차별을 피해 모국으로 돌아갔습니다. 하지만 고려인은 모국이 두 곳이나 있지만 어디에도 갈 수가 없었지요.

오늘날 이렇게 힘들게 살아온 고려인들이 한국으로 조금씩 들어오고 있습니다. 2017년을 기준으로 약 15만 명의 고려인이 한국에 거주하고 있지요. 우리는 이렇게 힘들게 살아온 이들을 어떻게 대해야 할까요?

돈에 팔려 간다는 오명을 입은
하와이의 사진신부

1950년대에는 전쟁고아, 미국인과 혼인한 여성들, 유학생 등이 주로 미국과 캐나다로 떠났습니다. 미국 이민은 1965년에 존슨 대통령이 개정 이민법에 서명하면서부터 더욱 활성화되었지요. 이 조치 이후 매년 2만여 명의 한인들이 '아메리칸 드림'을 가지고 미국으로 떠났습니다. 그 결과 현재 재미한인은 210만 명 정도로 전체 재외한인 중에서 재중한인 다음으로 많지요.

재미한인의 기원은 1903년으로 거슬러 올라갑니다. 한인 노동자 102명이 1902년 12월 22일에 미국 상선을 타고 인천항을 떠나 1903년 1월 13일에 하와이 호놀룰루에 도착한 것이 그 시초지요. 그래서 오늘날 재미한인들은 1월 13일을 미주 한인의 날^{Korean American Day}로 정하고 해마다 기념식을 열고 있습니다.

이미 이야기했듯이 이민이 이루어지기 위해서는 수요, 공급, 중계망이라는 세 가지 요소가 필요합니다. 하와이 한인 이민에도 이세 가지 요소가 그대로 작용했습니다. 고려대학교 사회학과 윤인진 교수는 그의 저서 『코리안 디아스포라』에서 재미한인 미주의 역사를 이 세 가지 요소와 연결시켜 설명했습니다.

먼저 당시 하와이 사탕수수 농장주들이 값싼 노동력을 원하면서 수요가 발생했습니다. 이들은 본래 중국인 노동자를 고용했는데, 1880년대 초에 중국인들의 유입이 법적으로 금지되자 일본인 노동자를 고용했습니다. 하지만 급속도로 불어난 일본인 노동자가 임금 인상과 처우 개선을 요구하며 파업을 벌이자 농장주들은 이들을 대신할 한국인 노동자를 들여왔지요.

그리고 조선 말에 지속적으로 이어진 정치·경제·사회적 혼란과 재난은 가난한 농민들을 한반도 밖으로 나가게 했습니다. 이것이 바로 공급입니다. 당시 가난한 농민들은 양반 지주의 횡포, 잦은 가뭄과 홍수, 빈번한 기근과 전염병 등으로 고향을 떠나 서울, 인천, 원산 등의 대도시를 떠돌아다녔습니다. 그중에서는 도저히 국내에서 기반을 다질 수 없는 사람들도 있었습니다. 그런 사람들에게 당시 사람을 구하던 하와이에서의 일자리는 매우 좋은 기회였을 테지요.

당시 이러한 수요와 공급을 중계한 것은 미국인 선교사이자 의사인 알렌과 감리교 목사인 존스 등이었습니다. 알렌은 조선에 대한 일본의 지배를 약화시키고 미국이 보다 적극적으로 개입할 수 있도록 한인들에게 미국 이민을 적극 권장했습니다. 인천에서 감리교 목사로 일하던 존스 역시 알렌의 취지에 동감하고 자신을 따르던 신도들에게 미국 이민을 적극 권유했지요.

하와이로의 이민은 1905년에 일본이 제지할 때까지 이어졌습니다. 3년간 이민을 간 사람은 모두 7226명이었습니다. 이 중 84퍼센트는 20대 남자였고 9퍼센트는 여자였으며 나머지 7퍼센트는 아이들이었습니다. 이처럼 성비가 크게 차이 난 데다 여자의 경우는 대개 남편을 따라온 경우라 한인 총각들은 현지에서 배우자를 찾을 수 없었습니다. 1980년대 말 한국 농촌에서 일어난 노총각 사태와 비슷한 일이 미국에서도 벌어진 것이지요.

이 문제를 해결하기 위해 1910년부터 한국 신부들을 들여오기 시작했습니다. 이 과정은 미국 세인트노버트대학교의 사학과 교수

웨인 패터슨이 집필한 『하와이 한인 이민 1세』에 잘 드러나 있지요. 가장 일반적인 방법은 사진을 통한 중매였다고 합니다. 1924년에 미국 이민법에 의해 금지될 때까지 약 1000명의 한인 신부들이 이 방법을 통해 미국으로 갔습니다. 당시 한인 신부들은 결혼도 결혼 이지만 학업에 대한 욕구, 풍요로운 삶 추구, 식민지 지배로부터의 탈출, 봉건적 사회에서의 탈피 등 다양한 목적을 가지고 있었지요.

하지만 사진을 통한 결혼에는 여러 가지 문제가 있었습니다. 대부분 속임수를 쓴 사진을 서로 주고받았기 때문입니다. 여자의 경우는 중매쟁이들이 일본 사진사를 데려와 예쁜 한복을 입히고 사진을 찍게 했습니다. 사진을 찍은 후 단점이 보이면 보기 좋게 고치기도 했지요. 요즘 말로 하자면 '포샵 처리'를 한 셈입니다.

이런 속임수는 남자들에 비하면 약과였습니다. 남자들은 여자들보다 나이가 두 배나 많은 데다, 힘든 농장 일로 실제 나이보다 더 늙어 보였습니다. 이런 단점을 보완하기 위해 남자들은 얼굴에 분을 발라 마치 전문직에 종사하는 것처럼 꾸미거나, 고용주의 양복을 빌려 입고 고용주의 집과 차 앞에서 '부티'나 보이게 사진을 찍기도 했습니다. 젊을 적에 찍은 사진을 보내는 사람도 있었지요. 요즘에도 한국의 결혼중개업자들이 한국 남자와 외국 여자의 결혼을 중개하면서 신상을 과장하거나 속이는 경우가 많다고 합니다. 100여 년 전의 일이 지금에도 발생하고 있는 격입니다.

한국에서 온 사진신부들은 이런 어려움을 가족들에게조차 말할 수 없었습니다. 당시 조선에서 발간된 한 신문은 사진신부들을 '하와이로 돈에 팔려 간다'는 식으로 보도했습니다. 한반도 내에서 신부들의 평판이 떨어진 것은 당연한 결과였지요. 오죽하면 비밀리에 여권을 만들고 수속하는 사람들도 생겨났습니다. 그러니 사진신부들이 하와이에서 겪은 어려움을 가족들에게 전할 수 없었던 것은 당연했지요.

한편 1960년대 중반에는 광부와 간호사들이 3년 계약을 맺고 서독을 향해 떠났습니다. 1970년대 중반까지 독일로 간 사람은 총 1만 9000여 명에 달했지요. 광부들은 지하 1000미터 38도의 지열 속에서 힘들게 일했고, 간호사들 역시 피고름을 닦거나 기저귀를 빠는 등 힘든 일을 도맡아 했습니다.

1970년대에는 많은 근로자들이 중동의 건설 현장으로 나갔습니다. 1973년 10월에 오일 쇼크가 발생하면서 경제적으로 큰 위기를 맞은 한국이 오일 달러를 벌기 위해 중동에 많은 건설 노동자를 보낸 것이지요. 1973년부터 사우디아라비아를 시작으로 1980년대 초반까지 약 100만여 명의 건설 노동자들이 중동 지역에 투입되었습니다. 이로 인해 한국 기업들은 자본을 축적하고 기술을 발전시킬 수 있었지요. 또 1973년에는 많은 한국인들이 호주로 몰려갔습니다. 공통적으로 이 이민 1세대들은 어디로 가든 청소업, 여행 서비스업 등으로 힘들게 살았습니다.

이처럼 한국은 1860년대부터 1990년대까지 많은 사람들을 이민 보냈습니다. 주된 이유는 못살았기 때문입니다. 그렇게 외국으로 나간 사람들이 현재 743만 명에 달합니다. '집 떠나면 고생'이라는 말도 있지만 이들은 여러 가지 어려움 속에서도 자신의 '드림'을 이루기 위해 지금도 열심히 살고 있답니다. 이제 그들의 이야기를 들어 볼까요?

미래를 꿈꾸며 **외국인 근로자**를
자처한 한국인들

과거 독일의 3D 노동자들은
한국인

　오늘날 한국에서 '이주노동자'라고 하면 대개는 한국인이 기피하는 더럽고^{dirty} 어렵고^{difficult} 위험한^{dangerous} 일에 종사하는 외국인 노동자를 떠올립니다. 하지만 과거에는 한국인도 다른 나라로 가서 이런 3D 업종에 종사한 적이 있습니다. 1960~70년대에 독일로 간 광부와 간호사가 대표적인 예지요.

　이들의 이주에도 수요, 공급, 중계망이라는 이주의 세 요소가 어김없이 작용했습니다. 1950년대 중반, 서독은 유례없는 호황을 누리면서도 몇몇 분야에서는 극심한 노동력 부족 현상을 겪었습니다. 이를 해결하기 위해 많은 외국인 근로자가 필요해지면서 수요가 발생했지요. 반면에 당시 한국은 한국전쟁, 군사 쿠데타, 국가 주도의 경제 개발 과정 등을 겪으며 외화가 많이 필요한 상황이었습니다. 하지만 1950년대 말 미국은 자국의 경제 불황과 박정희 정권의 군사 쿠데타를 부정적으로 인식해 한국에 차관을 제공하기를 꺼려했습니다. 그래서 한국은 유럽에서 차관을 도입하는 대가로 노동력을 수출하려 하면서 공급이라는 조건이 충족되었지요. 한국과 서독의 중계망 역할을 한 것은 기독교 단체와 재독한인 의사들이었습니다. 한국 해외 개발 공사도 이들을 도와 한국의 노동력을 서독으로 보냈지요.

2008년 '진실·화해를 위한 과거사정리위원회 보고서'에 따르면, 1960년부터 1976년까지 서독으로 간 간호 인력은 1만 1057명입니다. 광부의 경우는 1963년 12월 21일에 서독 루르와 아헨 지역의 석탄 광산으로 123명이 나간 것을 시작으로 1977년까지 7936명이 나갔지요. 이들은 열악한 상황에서도 열심히 일했습니다. 이들이 벌어들인 외화가 한국 경제 발전에 큰 도움이 되었다는 것은 널리 알려진 사실이지요. 보고서는 1964년부터 1975년까지 파독 인력의 송금 총액을 1억 7000만 달러로 추정합니다. 총 수출액 대비 파독 인력의 송금액이 1966년에는 1.9퍼센트, 1967년에는 1.8퍼센트였다고 하니 참 대단하지요.

하지만 이들과 관련해 잘못 알려진 사실도 더러 있습니다. 『박정희 시대와 파독 한인들』에서 역사학자 나혜심은 두 가지 오해를 지적합니다. 하나는 한국 간호사와 광부가 독일이 한국에 제공한 차관의 담보였다는 설입니다. 이 담보설은 '한국인 노동자의 고용 계약은 일종의 노예 계약이었다.' '계약 기간이 끝나지 않으면 죽기 전에는 귀국할 수 없었다.' 등으로 확대 해석되었지요. 이에 대해 나혜심은 "차관과 관련된 성과나 차관을 위한 담보설은 사실이 아니다. 독일과 한국 그리고 더 나아가 냉전 시기의 세계 질서 속에서 만들어진 노동 이주 역사의 하나였다."라고 강조합니다. 실제로 독일에서 제공한 차관은 개발도상국에 대한 원조의 일종으로, 독일의 헤르메스 수출보험공사가 보증을 서고 독일부흥금융공사가 자금을 공여했다는 사실이 밝혀졌지요.

다른 하나는 한국 간호사가 시체까지 닦았다는 설입니다. 이 역시 잘못 알려진 바입니다. 나혜심에 의하면, 한국 간호 인력이 병원, 양로원, 결핵 요양원 등지에 소수로 분산되어 있었기 때문에 이들이 한 일을 모두 다 알 수는 없지만, 시체 닦는 일을 전문적으로 했다는 자료나 증언은 그 어디에도 없었다고 합니다. 2005년《시사저널》에 소개된 한 전직 간호사는 "시체를 닦았다고 하는 말은 들어본 적이 없다."라고 말하며 불편한 심기를 드러내기도 했지요. 아마도 그들의 일이 그만큼 고되고 힘들었기 때문에 이런 소문까지 돌지 않았을까 싶습니다.

여기에 한 가지를 덧붙이자면, 이런 헛소문 뒤에는 이들의 파독 과정과 생활을 극화하고 미화해 자신들의 정책을 정당화하려던 당시 정권의 속셈이 있었습니다. 따라서 파독 간호사와 광부의 기여에 대해서는 인정하되, 그것을 특정 정권이나 개인의 공으로 돌리는 일은 자제할 필요가 있습니다.

관광 비자로 호주에 거주한
한인 불법 체류자

호주는 백호주의로 잘 알려져 있는 나라입니다. 백호주의란 글자 그대로 '백인들만의 호주'라는 뜻입니다. 좀 더 정확히 말하자면 이는 1901년부터 1973년까지 호주 정부가 일관하던 비백인 이민 제한 정책을 말하지요.

1901년 이전의 호주는 어땠을까요? 호주는 1840년대에 경제 공황으로 위기를 맞았습니다. 하지만 1850년대에 금광이 발견되면서 많은 이민자들이 몰려들었지요. 특히 중국계 이민자들이 많았는데, 1881년에는 그 수가 5만 명이나 되었다고 합니다. 중국계 이민자들은 임금이 낮은 데다가 체구가 작고 단단해 아주 비좁은 광산에서 금을 캐는 데 적합했습니다. 이런 이유로 호주에서도 그들을 많이 받아들였지요.

그런데 이런 저임금 노동력은 백인 노동자의 임금까지 저하시켰습니다. 이를 우려한 전 호주 회의는 1888년에 중국계 이민자를 제한하는 결의안을 통과시켰습니다. 이어 1896년에는 모든 유색인을 호주에서 배척하는 결의안도 통과시켰지요. 그 유명한 백호주의가 이민 제한법이라는 이름으로 정식 채택된 것입니다. 그러나 이 백호주의는 제2차 세계대전 이후 점차 완화되었고 1973년에 들어와서는 사실상 그 기능을 상실했으며 1975년에 인종 차별금지에 관한 법률이 제정되면서 결국 불법이 되었습니다.

한국인이 호주로 간 것은 1953년에 남한과 북한이 휴전하면서부터입니다. 전쟁 이후 참전 군인의 배우자나 입양아 자격으로 호주에 입국하는 사람들이 생겨났지요. 그리고 1960년대 말에 비유럽인에 대한 입국 제한이 완화되면서 일부 한국인이 호주로 이민을 갔습니다. 1971년에는 호주에 468명의 한국인이 거주하고 있었지요.

백호주의가 폐지되자 조종사, 교사 등 소수의 전문 직업인들이 호주로 이민을 갔습니다. 그리고 1974년에 베트남전쟁이 끝나자 500여 명의 기술자들이 관광 비자로 대거 들어갔지요. 이때 호주로 떠난 사람들은 체류 기간을 넘겨 불법 체류자가 되고 말았습니다. 이들은 호주 정부가 1976년과 1978년, 1979년에 사면령을 내리고 나서야 영주권을 취득할 수 있었지요.

영주권을 취득한 그들은 곧바로 한국의 가족을 초청했습니다. 이렇게 해서 1976년에는 1460명이던 호주 내 한국인이 1986년에는 9285명으로 대폭 증가했지요. 1980년 이후부터는 입양, 가족 초청, 취업, 투자, 유학 등으로 입국 형태도 다양해지고, 1986년부터 1991년까지 연평균 1400명이 입국하면서 1991년에는 호주에 거주하는 한인의 수가 2만 580명까지 늘어났습니다. 현재는 호주의 경기 침체로 인한 이민 할당 감소, 이민 자격 심사 강화 그리고 한국으로의 역이민 등으로 이민자의 수가 감소하고 있습니다. 하지만 원자재, 에너지 시장의 활성화와 만성적인 인력 부족 현상을 타개하기 위한 해외 숙련 인력 유입 정책 등으로 한인 기술 인력의 호주 이민은 꾸준히 이어지고 있지요.

호주의 이민 1세대는 주로 청소업, 요식업, 여행 서비스업 등의 자영업에 종사했습니다. 청소업이라고 하니, 2005년에 뉴질랜드에서 만난 김 씨라는 분이 생각납니다. 이 분은 50대 초반으로, 한국에서는 대기업의 임원까지 지낸 분이었습니다. 하지만 2년 전에 회사를 그만두고 가족들과 함께 뉴질랜드로 이민을 왔지요. 문제는 직업이었습니다. 한국에서는 대기업 임원까지 했지만 뉴질랜드에서는 딱히 할 일이 없었거든요. 그래서 그 분이 선택한 직업은 청소부였습니다. 제가 어디를 청소하냐고 물었더니 약간 망설이다가 인근 한 초등학교에서 화장실을 청소한다고 하더군요. 대기업 임원이던 사람이 화장실 청소를 하다니, 한국에서는 상상도 못할 일이었습니다. 그런데 그 분은 이 일이라도 얻은 게 얼마나 다행인지 모른다며 쓴웃음을 지어 보였지요.

이처럼 이민 1세대들은 대부분 본국에서보다 훨씬 힘든 일에 종사합니다. 그야말로 집 떠나 고생이지요. 그럼에도 불구하고 그들은 보다 나은 미래를 꿈꾸며 살아갑니다. 실제로 이 1세대들이 번 돈으로 교육을 받은 1.5세대나 2세대는 회계사, 변호사, 의사, 교사 등의 전문직에 종사하거나 정부 공무원 분야로 진출하고 있습니다.

한국보다 더 한국적인 **조선족**

공항에서 한국 대표 민요가
흘러나오는 연변

2016년 10월에 중국 연변대학이 개최한 한 학술 대회에 참가한 적이 있습니다. 이 학술 대회는 남한, 북한, 중국 학자들이 한자리에 모여 역사, 문화, 문학 등을 발표하고 토론하는 자리였지요. 저는 학술 대회도 대회지만 재중한인의 본거지인 연변을 직접 볼 수 있다는 생각에 이 대회에 토론자로 참가했습니다.

일행과 함께 연길 공항에 내렸을 때 세 가지 점이 매우 인상적이었습니다. 먼저, 중국어와 함께 한국어로도 제공되는 공항 안내 방송이 무척이나 인상적이었습니다. 세계 여러 나라를 돌아다녔지만 이렇게 공항 안내 방송에서 현지어와 한국어가 함께 나오는 것은 처음 보았기 때문이지요. 이것 하나만으로도 이곳이 '조선족 자치주'라는 사실을 실감할 수 있었습니다. 그리고 공항에서는 〈도라지〉와 〈아리랑〉 등의 한국 음악이 반복해서 나올 뿐만 아니라 공항의 대형 간판이 한국어와 중국어로 되어 있었습니다. 대형 간판의 아래에는 영어, 일어, 러시아어도 적혀 있었지만 이 언어들은 아주 작게 표기되어 있었지요. 저는 순간 인천 국제공항을 떠올리며 '아! 여기가 한국보다 더 한국적이구나.'라고 생각했습니다. 학회가 열리는 연변대학도 마찬가지였습니다. 밖에서 학교의 정문을 바라볼 때 왼쪽에는 중국어로 '延邊大學'이라고 적혀 있고, 오른쪽에는 한국어로 '연변대학'이라고 적혀 있었지요.

학회가 열리는 건물로 들어서니 학생들이 참석자들을 반갑게 맞이해 주었습니다. 한복을 곱게 차려 입은 채로 말이지요. 그때 저는 제가 재직하고 있는 이화여자대학교를 떠올렸습니다. 이화여대도 1년 내내 크고 작은 국제 행사들을 치르지만, 참석자들을 안내하는 학생들은 대개 흰색 블라우스에 검은색 치마를 입습니다. 이 두 장면이 겹치면서 또다시 '아! 여기가 한국보다 더 한국적이구나.'라고 생각하게 되었습니다.

학회 일정을 모두 마치고 연길시 남쪽에 위치한 용정을 방문했습니다. 가장 먼저 들른 곳은 대성중학교였습니다. 이 중학교 교정에는 윤동주 시비가 있는데 돌로 된 이 시비에는 그의 대표작인

〈서시〉가 한국어와 중국어로 새겨져 있었지요. 그 옆에는 사각모를 쓰고 두루마리 종이를 움켜쥐고 있는 시인의 흉상이 있고, 흉상 아래에는 한국어로 '별의 시인', 중국어로는 '성적시인'이라고 소개되어 있었습니다. 별을 유독 사랑한 이 시인이 평양, 서울을 거쳐 일본으로 갔다가 서른도 안 된 나이에 세상을 떠나 다시 고향인 용정으로 돌아온 일이 떠올라 가슴이 한동안 착잡했습니다.

다시 차를 타고 일송정으로 향했습니다. 그곳은 '제2의 애국가'라고 불릴 정도로 한국인들이 애창하는 〈선구자〉의 배경이 된 곳입니다. 그런데 막상 가보니 나지막한 야산에 작은 소나무가 있고 그 옆에 정자 하나만 있었습니다. 이 지역 사람들의 말에 따르면 옛날에는 이곳에 늠름한 자태를 지닌 소나무가 있었는데, 한국 독립운동가들은 그 소나무 밑에서 항일 의지를 불태웠다고 합니다. 우리 일행은 그 일송정 밑에서 휴대전화로 〈선구자〉를 틀어 놓고 합창했습니다.

일송정 푸른 솔은 늙어 늙어 갔어도 한줄기 해란강은 천년 두고 흐른다 지난날 강가에서 말 달리던 선구자 지금은 어느 곳에 거친 꿈이 깊었나…….

일송정에서 내려오는 길에 돌 하나를 주웠습니다. 손바닥 반 정도 크기의 검은색 돌이었지요. 서울에 돌아와 그 위에 흰색 수정액으로 '일송정 2016년 10월'이라고 적었습니다. 지금도 이 작은 돌을 보면 당시에 느꼈던 감정들이 되살아납니다.

왜 재중한인은 특별히
조선족이라고 부를까?

학술 대회를 마친 후 남방항공의 비행기를 타고 귀국했습니다. 마침 옆 자리에 앉은 아주머니 한 분이 재중한인 같아 반가운 마음에 먼저 말을 건넸습니다. 알고 보니 용정에 사는 분이었지요. 용정에 대한 감회가 여전히 남아 있던 저는 그 분이 더욱 반가웠습니다.

들자 하니 그분의 한국 방문은 처음이 아니었습니다. 5년 전, 친오빠의 주선으로 한국에서 식당 종업원, 가사 도우미 등으로 일한 적이 있었고 지금은 간병인으로 일하고 있다고 했습니다. 그분은 한 달에 200만 원 정도 버는데 생활비를 제외하고는 모두 저축한 다음, 그 돈으로 용정의 땅을 사둘 거라고 말했습니다. 그리고 앞으로 몇 년만 더 일하면 용정으로 돌아가 여생을 보낼 거라고도 덧붙였지요. 이 만남을 계기로 저는 그분의 조상들이 왜 중국 연변까지 갔는지 그리고 왜 조선족이라고 불리게 되었는지 궁금해졌습니다.

역사적으로 중국 동북 지역(현재 흑룡강성, 길림성, 요령성)은 청나라의 발상지로 여겨져 1677년부터 1885년까지 약 200년간 사람들의 이주 자체가 금지된 곳이었습니다. 이런 조치에도 불구하고 압록강과 두만강 주변의 조선인들은 수시로 이곳에 드나들었습니다. 처음에는 아침에 왔다가 저녁에 돌아갔지만 점차 봄에 왔다가 가을에 돌아가거나, 가족을 데려와 아예 정착하는 사람들이 생겨났지요. 특히 1860~70년대에 조선에 재해와 흉년이 거듭되면서 이 지역으로 이주하는 사람이 급증했습니다. 한국인이 사랑하는 윤동주 시인의 증조부도 1880년대 중반에 이곳으로 이주했지요. 이들은 처음에 압록강과 두만강 부근에 정착했지만 점차 다른 지역으로 옮겨 가, 중국 동북부 일대에 거대한 조선족 사회를 형성하기에 이르렀습니다.

일본이 1910년부터 1918년까지 토지조사사업이라는 명목으로 토지를 빼앗으며 못살게 굴자, 더 많은 사람들이 중국 동북부 일대로 이주하기 시작했습니다. 1922년에 22만 명에 달하던 한인이 1930년에는 60만 명으로 급증했지요. 게다가 일제가 1931년에 만주사변을 일으켜 그 지역에 만주국을 건설한 다음, 조선인들을 집단으로 이주시키면서 그 수는 또 한 번 급증했습니다. 1940년에는 중국 동북부 일대에 거주하는 조선인 인구가 145만 명에 달했지요. 하지만 태평양전쟁(1940~1945)이 일어난 시기에는 조선인의 일본 이주가 늘어나면서 만주 이주는 점차 줄어들었습니다. 특히 1945년에 일본이 항복하고 조선이 독립하자 조선인의 40퍼센트에 해당하는 70만 명이 고국으로 귀국하면서 중국 동북부 지역에 거주하는 한인의 수는 더욱 줄어들었지요.

1945년에 중국 국민당과 공산당 사이에서 내전이 일어나자 중국 동북부 지역에 남아 있던 한인들은 소외 계층과 소수 민족을 지지하는 모택동과 공산당을 도와 중국 해방 전쟁에 참여했습니다. 그리고 신중국 건설에도 적극 참여했지요. 그들은 공을 인정받아 1949년에 종합대학(연변대학)을 설립할 수 있었고, 1952년에는 자신들이 사는 연변을 조선족 자치주로 인정받을 수 있었습니다. 참고로 조선족이라는 말은 중국 정부가 소수 민족 중 하나의 이름으로 쓰는 것입니다.

하지만 1956년에 시작된 반우파운동으로 조선족 지도층이 지방민족주의자라는 누명을 쓰고 탄압을 받으면서 많은 지식인, 학자, 기술자들이 북한으로 망명해야 했습니다. 게다가 이후에 일어난 대약진운동*과 문화대혁명**으로 조선족은 계속해서 큰 타격을 입게 되었지요.

1970년대에도 조선족의 시련은 계속되었습니다. 중국이 1970년대 말부터 정치와 경제를 개혁하고 1980년대 초부터 연해 도시 산업을 발전시키면서, 전통적으로 농업에 기반을 둔 연변 조선족 자

---

* 1958년부터 마오쩌둥이 주도한 중국의 경제 성장 운동.
** 1966년부터 1976년까지 마오쩌둥이 10년간 주도한 극좌 사회주의운동.

치주의 경제력은 계속 하락했기 때문입니다. 이로 인해 중국의 대도시나 한국으로 떠나는 조선족들이 생겨났지요.

1990년대 이후 한국으로 오는 조선족이 늘어나면서 중국 연변과 한국 간의 사회 경제적 교류는 점점 확대되고 있습니다. 그런데도 우리는 중국 정부가 쓰는 조선족이라는 말을 그대로 쓰고 있습니다. 미국에 사는 한인은 재미동포 또는 재미한인, 일본에 사는 한인은 재일동포 또는 재일한인이라고 부르면서 유독 중국에 사는 한민족만 조선족이라고 부릅니다. 이제 그들을 만나면 이들이 왜 만주로 갔고, 그곳에서 어떻게 살았으며 지금은 왜 한국에 오게 되었는지 좀 더 깊이 생각해 보았으면 좋겠습니다. 더 나아가 그들을 재중동포나 재중한인 등으로 바꿔 불러 보는 건 어떨까요?

▶▶

가장 오랫동안, 가장 많은 아동을
해외로 **입양** 보낸 나라

권오복은 1968년 3월 서울에서 태어났습니다. 하지만 그의 아버지나 어머니에 대해서는 알려진 게 거의 없습니다. 그저 아버지는 도의회 의장까지 지낸 고위 정치인이고 어머니는 미혼모라고만 알려져 있지요. 아이를 혼자 키울 수 없었던 어머니는 아이를 수원에 있는 한 고아원에 맡겼다고 합니다.

고아원에서 자란 권오복은 일곱 살이 되던 해인 1975년 7월, 프랑스 캉에 사는 플라세 부부에게 입양되었습니다. 남편은 변호사고 아내는 초등학교 교사인 이 부부는 슬하에 이미 3남 1녀를 두고 있었지요. 이 유복한 가정에 입양되면서 권오복은 장-뱅상^{Jean-Vincent}으로 불렸습니다. 장-뱅상은 입양 당시 프랑스어를 전혀 못했지만 가족과 학교의 지원으로 네 달 만에 어느 정도 의사소통을 할 수 있게 되었지요.

그는 '추기경 아니면 장관이 되겠다.'는 원대한 포부를 가지고 행복한 학창 시절을 이어 갔습니다. 대학에서는 경제학을 전공해 학사와 석사 과정을 마치고, 박사 과정에서는 은행법을 전공했습니다. 졸업 후에는 민간 회사에서 재무 감사로 일하다가 정계에 입문했지요. 국회의원 비서실장, 녹색당 의원연수원장 등을 거치며 당의 발전에 기여한 그는 2011년에 파리 근교의 에손도[※] 상원의원에 당선되었습니다. 2016년 2월에는 좌파 연합 내각의 국가개혁장관으로 발탁되어 행정 간소화와 전산 첨단화를 주도했지요. 장-뱅상은 상원의원에 당선되고 두 달이 지난 2011년 11월, 36년 만에 처음으로 고국을 찾았습니다. 당시 한국 언론은 한국계 프랑스 상원의원이라는 점을 강조하며 그의 방문을 크게 보도했지요.

그렇다면 장-뱅상처럼 한국에서 해외로 입양되어 나간 사람은 얼마나 될까요? 이들은 모두 장-뱅상처럼 행복한 이민 생활을 하며 사회적으로 성공했을까요?

한국은 가장 오랫동안, 가장 많은 아동을 해외로 입양 보낸 나라입니다. 한국 정부는 16만 명 정도로 추산하지만 국제 사회에서는 20만 명 이상이라고 추산하지요. 이유야 어찌 되었든 한국인으로서 부끄러운 일입니다.

한국의 해외입양은 1953년 이승만 정부가 들어서면서 시작되었습니다. 당시는 전쟁 직후라 외국군과 한국 여성 사이에서 태어난 혼혈 아동들이 많았는데, 이승만 정부는 한 나라에는 한 민족만

이 존재해야 한다는 일국일민一國一民주의를 내세우며 이들을 '아버지의 나라'로 보내기로 결정했습니다. 이를 위해 1954년에는 대통령 긴급명령으로 보건사회부 산하에 한국아동양호회라는 입양 기관도 만들었습니다. 중앙입양원에 따르면, 1955년부터 1961년까지 4185명의 혼혈 아동을 해외로 보냈는데, 이들 중 4155명이 미국으로 보내졌습니다.

미국이 그렇게 많은 한국 아동을 입양할 수 있었던 것은 자국의 난민구호법 덕분이었습니다. 그리고 양국 사이에서 중계망 역할을 한 것은 홀트 부부였지요. 미국 오리건주의 평범한 농부였던 이들은 밥 피어스 목사의 설교에 감명을 받고 1956년에 홀트양자회*를 설립해 아동들의 해외입양에 힘썼습니다.

이승만 정부와 홀트양자회 간의 해외입양은 이른바, 대리입양 방식으로 이루어졌습니다. 현지 입양 기관이 양부모를 대신해 양자를 선정하고 비행기로 이동해 양부모에게 아동을 인계하는 방식이었지요. 앞에서 소개한 권오복도 바로 이 방식을 통해서 프랑스로 간 경우입니다. 이 대리입양은 이후 60여 년간 전 세계로의 해외입양을 확대시키는 데 결정적인 역할을 했습니다.

이 방식에는 문제가 많았습니다. 가장 큰 문제는 양부모와 양자

---

* 홀트아동복지회의 전신.

가 얼굴도 한번 보지 않은 채 가족이 되는 것이었지요. 이로 인해 입양 아동이 양부모에게 학대받거나 심지어 살해되는 경우도 있었고 시민권을 얻지 못해 추방당하는 일도 있었습니다. 다행히도 대리입양은 2013년에 입양특례법이 개정되면서 중단되었지만, 이 방식으로 받은 한국 입양아들의 상처는 여전히 아물지 않고 있습니다.

5부

/

차별을 없애고
상생의 언어로

/

차이를 차별로 만드는 의식과 언어 생성에는 고정관념과 편견이 작용합니다. 이에 따라 유엔 인종차별철폐위원회는 한국 정부에게 단일민족성을 강조하면 영토 내 거주하는 다른 민족이나 국가들의 상호 이해와 우의 증진 등에 장애가 될 수 있다고 지적했지요. 고정관념과 편견을 제대로 인식만 한다면 우리는 차이를 존중할 수 있을 것입니다. 상호문화교육이란 이를 목표로 하는 교육 방식입니다.

고정관념과 편견에서 비롯되는 차별의 시선

2017년 5월 말, 토요일과 일요일에 대전 정하상교육관에서 100여 명의 수녀님을 모시고 강연을 했습니다. 토요일 오후 강연은 다문화 관련 인식 개선에 대해, 일요일 오전 강연은 상호문화교육의 이해와 적용에 대해 주로 다뤘지요.

총 열 곳의 수녀회와 스물여섯 곳의 학교에서 오신 수녀님들이 모인 자리였습니다. 회색 수녀복에 흰 베일을 쓴 수녀님만 떠올리던 저는 다양한 수녀회에서 오시더라도 모두 비슷비슷할 거라고 생각했습니다. 하지만 가까이에서 보니 회색이 아니라 옅은 노란색 수녀복이, 흰색이 아니라 검은색의 베일이 있었습니다. 또 베일 대신에 원형 모자를 쓴 수녀님도 있고 수녀님들이 찬 목걸이의 문양도 조금씩 달랐지요.

놀라움은 거기서 끝이 아니었습니다. 저는 강연 중에 한국인은 한복을 자랑스러운 전통 옷이라고 말하면서도 일상생활에서는 거의 입지 않는다는 사실을 꼬집어 말하기 위해 자신 있게 이렇게 말했습니다. "수녀님들은 특수한 신분이라 예외지만 오늘 여기 오신 일곱 분의 일반인들을 보세요. 그 어느 분도 한복을 입지 않았잖아요." 그러자 수녀님들은 일제히 폭소를 터뜨렸습니다. 뜻밖의 반응에 저는 당황하고 말았지요. 웃음을 터뜨리던 몇 분의 수녀님들이 "저분들도 수녀님이세요."라고 알려 주고 나서야 그 웃음을 이해할 수 있었지요. 그리고 죄송한 마음에 얼른 "아, 그러셨군요. 제가 정말 무지했습니다. 너그러이 이해해 주세요."라고 사과했습니다.

일반인으로 오해한 수녀님들이 계신 수녀회는 성심수녀회로, 성심여중고와 가톨릭대학교의 전신인 성심여자대학 등을 운영하는 수녀회였습니다. 저는 강연이 끝나자마자 성심수녀회 수녀님들을 찾아가 저의 실수에 대해 다시 한 번 사과했습니다. 그러자 그분들은 손사래를 치면서 "아니에요. 흔한 일이니까 너무 신경 쓰지 마세요. 오히려 우리가 죄송하지요."라고 말하면서 저를 위로해 주었습니다. 그리고는 제 강연에 대해 여러 가지 질문을 하면서 큰 관심을 보여줬지요.

저는 서울로 돌아오는 버스 안에서 제 고정관념에 대해 다시 생각해 보았습니다. '세상에는 다양한 수녀회가 있는데, 나는 왜 모든 수녀님들이 똑같은 옷을 입는다고 생각했을까?'

성급한 일반화의 오류, 고정관념

고정관념은 영어 'stereotype'을 번역한 말입니다. 'stereo'는 '딱딱한'이라는 의미의 그리스어 형용사 스테레오스^{stereos}에서 파생한 말이고, 'type'은 '인쇄'와 관련된 말이지요. 이 단어를 처음으로 사용한 곳은 인쇄소였습니다. 1922년에 미국의 기자 리프만은 이 단어를 비유적으로 사용해 '머릿속의 인상들'을 가리켰습니다. 실제로 우리 모두는 갖가지 인상들을 가지고 살아가고 있지요.

고정관념은 대개 한 집단이 가진 단순화된 생각을 말합니다. 예를 들어 프랑스 사람들은 '스페인' 하면 낮잠이나 투우를 떠올리고, '이탈리아' 하면 피자나 마피아를 떠올리며 '영국' 하면 차 마시는 시간이나 국회의사당 시계탑을 떠올립니다.

이런 고정관념에는 두 가지 유형이 있습니다. 자집단고정관념^{autostereotype}과 타집단고정관념^{heterostereotype}이지요. 전자는 한 집단이 자기 집단에 대해 가진 인상을 말하고, 후자는 한 집단이 다른 집단에 대해 가진 인상을 말합니다. 일반적으로 사람들은 사회중심주의적 또는 민족중심주의적 성향을 가지고 있어서 자기 집단에 대해서는 긍정적인 인상을 가지지만 다른 집단에 대해서는 부정적인 인상을 가지는 경향이 있습니다.

고정관념은 현실이나 현상을 단순화하고 일반화하면서 만들어집니다. 예를 들어 사람들은 여행 중에 들른 어느 한 가게의 점원이 불친절하면 그 지역 전체 사람들이 불친절하다고 생각하게 됩니다. 물론 사람들이 경험한 것은 분명 실제적인 것이고 사람들이 느낀 감정도 실제적인 것이 맞습니다. 하지만 이 경험만으로 결론을 내린다면 문제가 됩니다. 불친절한 태도로 불쾌감을 준 것은 그 지역 사람이 맞지만 그 지역에 사는 모든 사람이 불친절할 가능성은 거의 없기 때문이지요.

학자들은 고정관념을 다음의 삼단 논법으로 설명하기도 합니다.

모든 스페인 사람은 낮잠을 잔다.

프란시스코는 스페인 사람이다.

따라서 프란시스코는 낮잠을 잔다.

그렇다면 고정관념은 무조건 나쁠까요? 물론 아닙니다. 우리가 가진 고정관념은 자연스러운 것이고 심지어 유용하기까지 합니다. 만약 고정관념이 없다면 우리는 새로운 현실이나 현상을 접할 때마다 그것을 일일이 분석하고 판단해야만 합니다. 이는 매우 힘들고 피곤한 일이지요.

따라서 우리는 자신이 갖고 있는 고정관념을 없애려 하기보다 고정관념을 가지고 있다는 사실을 인식하고 인정해야만 합니다. 이런 고정관념 때문에 대상을 잘못 판단할 수도 있다는 사실을 말

입니다. 철학적으로 말하자면 일종의 에포케^{epoché}*를 실행하는 것
이지요. 다시 말해 '이 가게 점원은 친절하지 않지만 다른 가게 점
원은 친절할 수도 있어.'라고 생각할 수 있어야 합니다.

한국인의 고정관념 '우리주의'는
어떻게 형성될까?

　개방적 태도는 민족, 문화, 언어가 다른 사람들이 부딪히며 살아
가는 다문화사회에서 중요한 자질입니다. 하지만 개방적 태도를
갖기 위해서는 자신이 어떤 고정관념을 가지고 있는지 제대로 인
식해야만 합니다.

　그 어떤 사람도 고정관념을 가지고 태어나지는 않습니다. 고정
관념은 자신의 출신 문화나 자신이 속해 있는 집단에 의해 명시적
으로 또는 암시적으로 전수되지요. 쉽게 말해서, 고정관념은 우리
의 가정, 학교, 대중매체 등에 의해 주입됩니다.

　부모는 양육 과정에서 자녀에게 많은 고정관념을 심어 줍니다.
예를 들어 "모름지기 사내는 이래야 해." "여자애가 그러면 못써."

---

* 고대 그리스 철학에서, 대상에 대하여 판단을 중지하는 일.

라고 말하며 남녀 역할에 대한 고정관념을 주입합니다. 실제로 텔레비전을 보다가 중국인과 관련된 나쁜 뉴스가 나오면 "저 봐, 중국놈들은 다 저렇다니까!"라고 격분하는 부모들이 많은데, 그 옆에서 이런 말을 듣고 자란 아이들은 '아! 중국 사람들은 다 저렇구나.' 하며 중국인들을 일반화할 수 있습니다.

학교도 고정관념 형성에 큰 역할을 합니다. 특히 교과서가 그 주범이지요. 예를 들어 '한국인은 단일민족'이라는 고정관념은 교과서에 의해 주입된 것입니다. 1970년대부터 한국의 모든 교과서에는 '한국인은 단일민족'이라는 구절이 있었습니다. 2006년 교육인적자원부 보도 자료에 의하면, 초등학교 2학년『생활의 길잡이』에는 "우리나라는 한 핏줄을 이어받은 한 민족으로 이루어져 있습니다."라는 내용이, 중학교 2학년『도덕』에는 "바로 우리가 같은 핏줄을 이어받은 한 민족"이라는 내용이, 고등학교 1학년『국사』에는 "우리 민족은 세계사에서 보기 드문 단일민족 국가로서의 전통을 가지고 있다."라는 내용이 수록되어 있었다고 합니다. 한국에서 교과서는 절대적인 권위를 가지고 있습니다. 학생들은 교과서에 나오는 것이라면 토씨 하나도 빼지 않고 머릿속에 그대로 집어넣지요. 이런 상황에서 초등학교부터 고등학교까지 단일민족이라고 배우면 그것을 의심할 학생은 거의 없게 됩니다.

2007년에 유엔 인종차별철폐위원회가 이를 지적하고 나섰습니다. 단일민족성을 강조하면 영토 내에 거주하는 다른 민족이나 국가들과의 상호 이해와 우의 증진 등에 장애가 될 수 있다고 우려하면서 한국 정부에게 단일민족 국가의 이미지를 개선하라고 권고했지요. 다행히도 노무현 정부가 이 권고를 수용해 2007년에는 교과서에서 '단일'이라는 표현이 삭제되었습니다. 하지만 아직도 혈통을 강조하고 단일민족임을 암시하는 구절은 교과서 곳곳에 남아 있지요.

대중매체도 고정관념을 만드는 데 한몫합니다. 몇 년 전 KBS의 한 예능 프로그램인 〈개그콘서트〉에 '멘붕 스쿨'이라는 코너가 있었습니다. 소재는 매주 다르지만, 전체적인 흐름은 똑같았지요. 남자 선생이 이상한 복장에 진한 화장을 한 갸루상에게 이런저런 질문을 하면, 갸루상은 계속 엉뚱한 대답을 합니다. 참다못한 선생이 "도대체 너의 정체는 뭐야!" 하고 소리치면 갸루상은 "나는 사람이 아니므니다."라고 대답하지요.

이 코너의 인기는 대단했습니다. 그중에서도 특히 갸루상이라는 일본 소녀 캐릭터는 큰 인기를 끌었습니다. 하지만 조금만 깊이 생각하면 섬뜩한 개그입니다. 왜냐하면 사람들이 웃고 즐기는 사이에 자기도 모르게 '일본인은 사람이 아니다.'라는 생각을 주입당하기 때문입니다. 아마도 시청자들은 갸루상이라는 이름에서 '-상'이라는 표현과 그녀의 일본식 발음 때문에 갸루상이 일본인이라고 짐작했을 겁니다. 이런 갸루상이 매번 "나는 사람이 아니므니다."라고 말하면 시청자들의 무의식 속에 대체 어떤 명제가 심어질까요? '일본인은 사람이 아니다.'라는 결론에 이르지 않았을까요? 아무리 개그라고 하지만 도를 넘었던 것 같습니다. 게다가 국민의 세금으로 운영되는 국영 방송에서 이런 섬뜩한 고정관념을 심어 주는 프로그램을 제작하고 방영한 것은 유감스럽기 짝이 없는 일이었습니다.

'우리주의' 형성의 근본적인 요인, 중심주의

고정관념의 형성은 다양한 형태의 중심주의^{centrism}와 관련이 있어 보입니다. 이 중심주의에는 자기중심주의, 사회중심주의, 민족중심주의가 있습니다.

자기중심주의^{egocentrism}는 라틴어 에고^{ego}와 켄트룸^{centrum}이 합쳐진 말입니다. 자기중심주의는 아동의 발달 과정에서 흔히 살펴볼 수 있는 자연스러운 현상이지요. 실제로 아동은 자기가 세계의 중심이라고 생각하며 자기의 존재가 전적으로 자기에게 달려 있다고 여깁니다. 이런 사고는 대개 여덟 살까지 지속된다고 합니다. 다시 말해 여덟 살이 되어서야 비로소 타자의 입장이 되어 볼 수 있고, 자기중심주의에서 서서히 벗어나게 되는 것이지요. 사회학자들은 이런 과정을 사회화^{socialization}라고 부릅니다. 이런 사회화 과정을 제대로 거치지 못하면 성인이 되어서도 아동기의 자기중심적 성향을 보일 수 있습니다. 이런 사람은 여전히 자기중심적이고 자기의 이해관계에 집착합니다. 그리고 자기의 세계관을 상대화하지 못하고, 자신의 세계관만이 좋은 것이라고 여기지요.

사회중심주의sociocentrism는 라틴어 소키오socio와 켄트룸이 합쳐진 말입니다. 사회중심주의를 따르는 개인은 자신이 소속된 집단을 중시하고 이 집단이 다른 집단보다 우월하다고 여깁니다. 따라서 자신이 속하지 않은 집단을 무시하거나 배제하기 쉽지요. 이런 사회중심주의는 가족, 직업, 사회 계층, 정당, 종교 등 다양한 형태로 나타납니다. 이러한 사회 집단들은 외부 세계를 이해하고 해석하는 데 하나의 여과기 역할을 하면서 개인의 태도와 판단에 지대한 영향을 끼치지요.

민족중심주의ethnocentrism는 그리스어 접두사 에트노스ethnos와 라틴어 켄트룸이 합쳐진 말입니다. 민족중심적인 사람은 자신의 문화적 참조 체계를 유일한 기준으로 여기며 다른 민족 집단을 열등하게 보거나 부정적으로 평가하기 쉽지요. 역사적으로 민족중심주의는 늘 존재해 왔습니다. 고대 그리스·로마 사람들은 다른 민족을 야만인으로 보았고, 15세기 발견의 시대에 살던 사람들은 새로이 발견한 사람들을 열등한 사람, 생각이 없는 사람, 원시인 등으로 보았습니다. 또 식민지 시대 사람들은 피식민지 사람들에게는 문명이나 문화가 없다고 여기며 자신들의 지배를 정당화했지요. 이런 민족중심주의는 다른 민족을 저평가하고 배제하기 때문에 외국인 혐오증이나 인종주의와 쉽게 연결될 수 있습니다.

민족중심주의는 한·중·일 관계에서도 잘 나타납니다. 아주 오래전부터 중국인은 중화사상中華思想을 가지고 있었습니다. 춘추전국시대부터 진한시대를 거치며 형성된 이 사상을 가지고 있는 사람들은 중국을 세계의 중심으로 여기면서 다른 나라를 오랑캐의 나라로 봅니다. 그래서 중국인들은 만주, 한반도, 일본 등지에 거주하는 이민족들을 동이東夷라고 불렀습니다. 동쪽에 사는 오랑캐라는 뜻이지요.

흥미롭게도 중국인이 이민족으로 분류한 나라들 역시 중화사상의 영향을 받았습니다. 소중화사상小中華思想을 가진 나라들이 있었던 것입니다. 대표적인 예가 바로 조선이지요. 조선의 사대부들은 중국이 자국을 문명의 중심으로 놓고 주변국들을 오랑캐로 본 것처럼 중국을 제외한 나머지 주변 나라를 모두 오랑캐로 보았습니다. 이 오랑캐에는 일본도 포함되어 있었지요. 오늘날 한국인이 임진왜란과 일제 강점기를 겪었음에도 일본을 우습게 보는 데는 이 사상의 영향도 있습니다. 하기야 오늘날의 한국인은 일본만 우습게 보는 게 아니라 중국도 우습게 봅니다. 아마 우리는 역사상 처음으로, 그리고 마지막으로 중국인을 우습게 보는 사람들일 겁니다. 왜냐하면 중국은 급속도로 부상하고 있는 반면에 한국은 그렇지 못하니까요.

쌀국수와 스파게티 사이에
자리 잡은 편견

편견은 영어로 'prejudice'입니다. 이는 라틴어 프라이유디쿰 praejudicum에서 파생한 말로, '미리 내린 판단'을 뜻합니다. 사회과학에서는 편견을 '한 개인이나 집단이 다른 개인이나 집단에 대해 실제적인 경험이 아니라 일반적인 생각에 의거하여 내린 판단이나 행동'이라고 정의합니다. 여기서 '일반적인 생각'은 고정관념이라 볼 수 있으므로, 편견은 고정관념을 기반으로 내린 판단이라고 할 수 있지요. 이렇게 실제적인 경험이 아닌 고정관념으로 판단하다 보면 그 판단은 잘못되거나 부정적인 경우가 많을 수밖에 없습니다. 다음의 문장들을 살펴볼까요?

1. 브르타뉴 해안은 보잘것없어. 늘 비가 오거든.
2. 이탈리아인은 예의가 없어. 모든 이탈리아인은 말이 빠르거든.
3. 스페인은 아름다운 나라야. 거기는 날씨가 늘 좋거든.

세 가지 예시 모두 두 문장으로 이루어져 있습니다. 앞에 있는 문장은 편견이고, 뒤에 있는 문장은 고정관념이지요. '늘' '모든'이라는 단어에서 짐작할 수 있듯이, 고정관념은 어떤 현실에 대한 일반화를 말합니다. 편견은 이 고정관념을 근거로 내리는 (대개 부정적인) 평가고요.

우리는 주위에서 다음과 같은 말을 자주 들을 수 있습니다.

중국인은 더러워. 모두 잘 씻지 않거든.

일본인은 간사해. 모두 다 친절한 척하거든.

음식을 예로 들어 볼까요? 베트남 쌀국수의 베트남식 명칭은 퍼 phở입니다. 베트남 사람들은 이 퍼를 아침에 주로 먹습니다. 쌀가루로 만든 국수에 육수, 고기, 칠리소스, 라임 즙, 고수 등을 넣어 먹지요. 지역에 따라 조리법이 다른데 쌀국수에 쇠고기를 얹으면 퍼보 phở bò, 닭고기를 얹으면 퍼가 phở gà라고 합니다.

우리에게는 쇠고기를 얹은 쌀국수가 익숙하지만 원래 베트남 사람들은 쇠고기를 먹지 않았습니다. 1880년대 중반에 베트남 북부의 하노이를 점령한 프랑스군이 쇠고기 요리법을 전해 주면서 쇠고기를 쌀국수와 함께 먹기 시작했지요. 퍼라는 이름도 불을 의미하는 프랑스어 '프feu'에서 유래했습니다. 쇠고기 쌀국수는 1950년대 이후 북쪽 하노이 사람들이 남쪽에 내려가 생계를 위해 팔기 시작하면서 베트남 전역에 보급되었습니다. 이런 역사적 사실을 종합해 보면, 베트남 쌀국수는 베트남과 프랑스의 합작품이라고 할 수 있습니다. '모든 문화는 혼성 문화다.' 그리고 '모든 문화는 다문화다.'라는 사실을 다시 한 번 실감할 수 있는 일이지요.

베트남 쌀국수에 대해 말하다 보니 이탈리아 스파게티가 생각납니다. 스파게티는 이탈리아 하면 바로 떠오를 정도로 이탈리아 요리의 대명사로 꼽힙니다. 스파게티는 10여 분 삶은 면을 뜨거운 채로 약간 움푹한 그릇에 담고 토마토소스나 치즈 가루 등을 더해 완성합니다. 'spaghetti'라는 말은 '실'을 뜻하는 이탈리아어 스파고 _{spago}에서 유래했습니다. 스파고의 작은 말로, '가늘고 긴 실'을 의미합니다. 면의 생김새와 관련이 있는 말이지요.

그럼 여기서 한 가지 질문을 던져 보겠습니다. 퍼와 스파게티는 각각 베트남과 이탈리아를 대표하는 음식인데 우리는 왜 퍼는 '쌀국수'라고 부르면서 스파게티는 '스파게티'라고 부르는 걸까요? 다시 말해, 왜 스파게티를 이탈리아 밀국수라고 부르지 않을까요? 여러 가지 이유가 있겠지만 저는 이 문제가 베트남과 이탈리아를 대하는 우리의 태도와 관련이 있다고 생각합니다. 일반적으로 우리는 베트남은 못사는 나라, 이탈리아는 잘사는 나라라는 고정관념을 가지고 있습니다. 혹 이탈리아가 경제적으로 못사는 나라라고 생각하는 사람도 그곳이 패션의 나라이자 문화의 나라라는 데는 이견이 없지요. 이런 이분법적인 시각과 편견이 음식 이름에도 투영된 듯합니다. 즉 못사는 나라에서 온 음식은 음식만 받아들이고 언어는 받아들이지 않지만 잘사는 나라에서 온 음식은 그 음식과 함께 언어도 받아들이지요.

최근에는 편견을 없애야 한다는 인식이 확산되면서 자신이 가진 편견을 노골적으로 드러내는 사람들은 많이 줄었습니다. 하지만 편견을 가지고 있지 않은 것과 편견을 드러내지 않는 것은 엄연히 다릅니다. 대부분의 편견은 사람들의 마음속에 깊이 박혀 있다가 어떤 계기가 생기면 바로 표면으로 떠오르지요. 예를 들어 보통 때는 베트남인에 대해 편견을 보이지 않던 사람도 자신의 자녀가 베트남인과 결혼을 하겠다고 하면 편견을 드러냅니다. 또 외국인 근로자에 대해 편견을 보이지 않던 사람도 경기가 나빠져 실직을 하면 자신의 실직이 그들 때문이라고 생각하며 편견을 드러내지요.

편견을 없애기 위해
국가의 가사마저 바꾼 캐나다

편견이 겉으로 드러나면 차별이 됩니다. 차별은 민족, 인종, 종교 등을 이유로 개인이나 집단이 사회생활에 온전히 참여하는 것을 가로막는 것입니다. 캐나다의 헌법인 권리·자유 헌장 제10조는 열네 개의 차별 요인을 열거하고 있습니다. 그것은 인종, 피부색, 민족, 국적, 성별, 임신, 성적 지향, 결혼 여부, 나이, 종교, 정치적 신념, 언어, 사회적 조건, 장애입니다. 이 중 어느 하나라도 정당한 사유 없이 구분하거나 배제하면 캐나다에서는 차별이 됩니다.

일상생활에서의 차별은 크게 직접 차별과 간접 차별로 나눌 수 있습니다. 직접 차별은 앞서 열거한 열네 개의 요인들 중 하나나 그 이상을 이유로 개인이나 집단을 부당하게 대하는 경우에 해당됩니다. 예를 들어 캐나다에서 행 단위로 원고료를 받는 가난한 스페인계 기고가에게 임대를 거부한다면 이는 '민족'과 '사회적 조건'이라는 두 가지 측면에서 직접적으로 차별한 것입니다.

간접 차별은 표면적으로 모든 사람을 공평하게 대하는 것처럼 보이지만 사실은 한 집단 구성원을 암암리에 배제하거나 불리하게 만드는 경우에 해당됩니다. 공개적으로 사람을 구한다고 말하면서 해당 조직이 동일한 집단의 사람들로만 이루어져 있다면, 이는 다른 집단 사람들을 은연중에 뽑지 않으려 했기 때문일지도 모릅니다. 즉 다른 사람들의 기회를 박탈한 것이므로 간접 차별이 될 수 있지요.

캐나다는 모든 영역에서 차별을 적극적으로 시정하려고 노력하는 나라입니다. 2016년 6월, 캐나다 하원의회는 캐나다 국가인 〈오 캐나다〉의 일부 가사를 성 중립적인 표현으로 바꾸기로 결정했습니다. 캐나다 국가는 1880년에 아돌프-바질 루티에가 프랑스어로 썼지만, 1908년에 스탠리 위어가 영어로 바꾸면서 널리 불리기 시작했습니다. 이 국가에는 "캐나다의 모든 국민들이 보여 주는 진정한 나라 사랑true patriot love, in all of us command"이라는 구절이 나오는데, 1914년에 제1차 세계대전에 참전한 용사들을 기리기 위해, 'us'를 아들들을 의미하는 'sons'로 바꾸었습니다. 이후 이 sons에 성 차별의 소지가 있는 것으로 보고 열 차례나 개정하려고 시도하지만 계속 실패하다가 2016년 캐나다 하원의회와 2018년 상원의회에서 개정안이 통과되었지요. 시대의 흐름에 따라 국가의 가사마저 바꾸며 성 차별을 없애다니, 대단하지 않나요?

캐나다의 국가 이야기를 하다 보니 문득 애국가의 후렴구 "대한 사람 대한으로 길이 보전하세."가 떠오릅니다. 여기서 '대한 사람'은 어떤 사람을 말할까요? 작사자가 누구인지 분명치 않아 단언하기는 어렵지만, 아마 '대한 제국 사람'일 가능성이 높습니다. '대한 민국 사람'이라 하더라도 민족이나 국가를 나타내는 것은 변함이 없지요.

그런데 이처럼 국가 가사에 민족과 국적을 명시하는 경우는 극히 드뭅니다. 이는 미국, 중국, 일본, 프랑스 등 여러 국가의 가사만 살펴봐도 바로 알 수 있습니다. 이런 점에서 한국은 상당히 배타적인 국가라고 할 수 있습니다. 작사된 시점으로 미루어 보아 당시 마주한 민족적 위기 앞에서 하나로 똘똘 뭉쳐야 한다는 의미를 살리기 위해 '대한 사람 대한으로 길이 보전하세.'라고 한 것은 충분히 이해가 갑니다. 하지만 외국계 한국인이 점점 많아지는 오늘날에는 다시 한 번 생각해 봐야 할 것 같습니다. 생각해 보세요. 베트남 결혼 이민자가 한국 국적을 취득한 후 이 노래를 따라 부르면서 '대한 사람' 속에 자신이 포함된다고 생각할까요?

잘못된 고정관념과 그로 인한 편견은 사회화 과정을 거치며 머릿속에 형성되기 때문에 없애기는 매우 어렵습니다. 얼마나 어려우면 아인슈타인이 "편견을 깨는 것은 원자를 깨는 것보다 더 어렵다."라고 했을까요? 그래서 많은 사회심리학자들은 자신의 편견을 없애려고 하기보다 자신이 편견을 가지고 있다는 사실을 인식하라고 충고합니다. 또 어떤 학자들은 자신이 가진 편견과 실제 현실이 일치하지 않는다면 편견을 바꾸기보다 현실에 대한 자신의 해석을 바꾸라고 조언하지요. 서로 다른 사람들끼리 어울려 사는 오늘날, 자기 자신과 다른 수많은 것들을 매번 편견으로 대하는 것이 어쩌면 더욱 어려운 일일지도 모르겠습니다.

존중받아야 할 인간의 **다를 수 있는** 권리

　세계화가 진행되면서 지구촌 사람들은 문화적 차이를 점차 많이 접하게 되었습니다. 이제 문화적 차이가 일상적인 현실이 되었지요. 1995년에 유럽평의회가 발간한 『교육자료집』 역시 현대 사회의 현실을 차이로 규정했습니다. 그리고 "우리의 큰 도전은 이 차이를 넘어 창조적으로 상호작용하며 살아갈 수 있는 방법을 찾는 것"이라고 말했지요. 여기서의 차이는 민족, 문화, 언어, 종교, 성, 세대, 경제력 등 모든 유형의 차이를 망라합니다.

　차이란 정확히 무슨 뜻일까요? 흔히 사람들은 차이를 '다양성'과 혼용하곤 합니다. 하지만 정확히 말하면 이 둘은 다른 개념입니다.

다르다는 차이 VS
여러 가지로 많은 다양성

사전에 따르면 차이는 '서로 같지 아니하고 다름, 그런 정도나 상태'를 말하고, 다양성은 '모양, 빛깔, 형태, 양식 따위가 여러 가지로 많은 특성'을 말합니다. 즉 차이는 '상태'고 다양성은 '특성'이라고 할 수 있지요. 실제로 차이는 사람이나 사물의 모양, 빛깔, 형태, 양식 등이 '다르다'는 데 초점을 맞추고, 다양성은 사람이나 사물의 모양, 빛깔, 형태, 양식 등이 '여러 가지'라는 데 초점을 맞춥니다. 또 차이에는 중심이나 기준이 되는 개념이 존재하지만 다양성에는 그런 개념이 존재하지 않지요.

1. A와 B는 다르다.
2. A와 B로 다양하다.

1번 문장에서 A와 B는 서로의 비교 기준 또는 중심이 됩니다. 하지만 2번 문장에서 A나 B는 기준 또는 중심이 되지 않지요. 이는 영어에서도 마찬가지입니다.

1. A is different from B.
2. A and B vary (in C).

1번 문장에서는 B가 기준이 되지만, 2번 문장에서는 그런 기준이 존재하지 않습니다. 만약 2번 문장에서 기준을 꼽으라면 C일 뿐이지요. 이렇듯 어떤 관계에서 중심이나 기준이 존재하면 차별을 쉽게 할 수 있는 근거가 생깁니다. 중심이나 기준과 다른 점을 찾으면 되니까요.

문득 한국에서 태어나 열 살경에 프랑스인 가정에 입양된 소녀의 이야기가 생각납니다. 이 소녀는 입양 당시 프랑스어를 한마디도 못했습니다. ABC부터 배워야 할 정도였지요. 그런데 어느 날 프랑스인 양어머니가 이 소녀에게 불만을 터뜨렸습니다. 자기가 뭘 해주면 왜 '메르씨merci(감사합니다.)'라고 하지 않느냐고 말이지요. 실제로 프랑스에서는 어머니가 자식에게 물을 갖다 줘도 '메르씨.', 책가방을 들어 줘도 '메르씨.'라고 말합니다. 하지만 한국에서는 어머니의 도움이나 친절에 매번 '감사합니다.'라고 하지 않지요.

프랑스인 양어머니가 혼을 내자 그 소녀는 고개를 숙이고 가만히 있었습니다. 양어머니는 소녀의 이런 행동에 또 화를 냈습니다. '부모가 야단치면 부모의 눈을 봐야지 왜 고개를 숙이고 시선을 피하느냐.'라고 말이지요. 이 소녀는 평소 한국에서 하던 대로 행동하다가 또다시 오해를 불러일으킨 것입니다. 서양에서는 부모가 야단치거나 훈계하면 자식은 부모의 얼굴을 쳐다보고 시선을 맞추는 것이 보통입니다. 하지만 동양 적어도 한국에서는 그렇게 하면 반항한다고 해서 더 혼나기 때문에 자식은 고개를 숙이지요.

차이의 기준이
차별을 만든다

　인간은 지구상에 출현한 이후 자신이 사는 곳의 기후와 지형에 맞게 각기 다른 생활 양식을 발전시켜 왔습니다. 따라서 사람들 사이에 차이가 나는 것은 당연한 일입니다. 이러한 차이는 의식주에도 나타나고 공간 개념에도 나타나며 세계관에도 나타나지요.

　하지만 역사적으로 강자들은 자연스러운 차이를 인정하지 않고 약자들의 문화를 열등하다고 말하며 차별해 왔습니다. 백인은 흑인을 노예로 삼았고, 독일인은 유태인을 학살했으며 서양인은 동양인을 무시했지요. 민주주의가 확산된 오늘날에는 문화적 차이를 내세운 노골적인 지배와 차별이 거의 사라졌지만 여전히 눈에 잘 띄지 않는 교묘한 형태의 차별은 지속되고 있습니다.

　이미 언급한 대로 중심주의가 존재하지 않으면 차별은 일어나지 않습니다. 중심이나 기준이 존재하지 않으면 A와 B는 서로를 존중하게 되고, 이런 존중은 다양성이라는 가치 개념으로 바뀌지요. 문화적 차이와 달리, 문화다양성은 수용과 존중을 내포하는 하나의 가치 개념입니다. 인류학자 아르준 압파두라이에 따르면 문화다양성은 인간 사회의 차이가 제도와 관계의 일부라는 것을 인정하는 가치지요. 이 개념은 개개인이 유일무이한 존재라는 사실과 인간의 '다를 수 있는 권리right to be different'를 인정하고 존중합니다. 또한 인종, 민족, 성, 성적 성향, 사회 경제적 지위, 나이, 신체적 능력, 종교적 신념, 정치적 신념 등에 모두 적용될 수 있지요.

이처럼 문화 다양성은 단순히 차이를 인정하고 관용하는 것보다 더 많은 것을 의미합니다. 일련의 의식적인 실행으로, 인간·문화·자연의 상호의존성을 인정하게 하고, 자신과 다른 특성과 경험을 존중하게 하며 차이들 간의 교류를 실현시켜 모든 사람이 서로 협력해 모든 형태의 차별에 맞서게 하지요. 그리고 차이를 안전하고 긍정적인 환경 속에서 탐구하게 하고, 차이를 단순하게 관용하기보다는 각자 속에 존재하는 풍요로움으로 찬양하게 합니다.

우리는 차이를
어떻게 받아들일까?

미국의 상호 문화의사소통학자인 베넷은 사람들이 차이를 어떻게 수용해 나가는지 여섯 단계로 나누어 설명했습니다.* 그에 따르면, 문화적 차이를 처음 접하는 사람들은 문화적 차이 자체를 부정 denial 합니다. 이 단계 사람들은 자기가 동질적인 집단 속에 살고 있

＊ Milton J. Bennett, *Basic Concepts of Intercultural Communication*(Nicholas Brealey: 2 edition, 2013), pp88-99.

다고 생각하며 차이를 경험하고 싶어 하지 않습니다. 그리고 자기 자신을 다른 문화와 의도적으로 격리시키고 자신의 세계관을 고수하지요. 한마디로 말해 이 세상에 자기 문화만 존재한다고 생각합니다. 이는 아마존 강가나 고산 지대 등지에서 외부와 완전히 격리된 채 살아가는 사람들에게서 찾아볼 수 있는 태도입니다.

두 번째 단계 사람들은 자신을 문화적 차이로부터 방어defense합니다. 이들은 세계를 '우리'와 '그들'로 나누어, 우리의 문화가 최고라고 여기면서 다른 문화를 무시하지요. 꽤 많은 한국 사람이 여기에 해당됩니다. 특히 한국보다 못사는 나라에서 온 아내나 근로자를 맞이한 사람들이 이런 태도를 많이 보입니다. 드물기는 하지만 정반대의 태도를 보이는 한국인들도 있습니다. 이런 경우는 재미한인에게서도 종종 찾아볼 수 있는데, 이들은 미국 문화가 자신의 문화보다 우월하다고 생각하고 미국 문화를 수용하여 마치 미국인처럼 행동합니다.

세 번째 단계는 최소화minimization 단계입니다. 이 단계에 해당하는 사람들은 인간이란 모두 생로병사를 겪기 때문에 똑같은 존재들이라고 말합니다. 또 인간이 가진 보편적인 가치를 강조하고, 문화적 차이는 사소한 것이나 낭만적인 것으로 치부해 버리지요. 베넷에 따르면 이 세 단계는 모두 민족중심적단계입니다.

이 단계들에 속한 사람들이더라도 얼마든지 변할 수는 있습니다. 문화적 차이를 많이 경험하면 서서히 민족상대적단계로 옮겨

갈 수 있지요. 먼저, 문화를 수용^{acceptance}하게 됩니다. 이 단계의 사람들은 자신의 문화가 여러 문화들 중 하나일 뿐이라고 생각합니다. 그래서 다른 문화에 대해 보다 큰 관심을 보이고 문화적 차이를 존중하지요.

그다음은 문화적 차이에 적응^{adaptation}하는 단계입니다. 이 단계에 속한 사람들은 감정 이입을 통해서 다른 문화의 관점을 수용하고 다른 문화 속에서 올바르게 행동할 수 있습니다. 예를 들어 한 한국인이 프랑스 가정에 초대를 받았다고 해봅시다. 이때 프랑스 관습에 맞게 선물을 준비하고 프랑스식으로 포도주를 즐길 수 있다면 그는 프랑스 문화에 적응한 사람이라고 할 수 있습니다.

마지막 단계에 속한 사람들은 문화적 차이에 통합^{integration}됩니다. 이들은 주어진 상황을 여러 문화적 관점에 따라 판단할 뿐만 아니라 자신을 어느 한 특정 문화 속에 가두지 않고 자신의 문화적 정체성을 늘 새롭게 만들어 갑니다. 즉 어느 한쪽을 기준 삼거나 중심으로 여기지 않고 세계 속에 문화가 다양하다는 것을 자연스럽게 받아들이는 것이지요.

모든 사람은 이 여섯 가지 단계 중 하나에 해당됩니다. 각자 '나는 어느 단계에 있을까?' 하고 스스로 자문해 볼 필요가 있습니다. 그리고 어떻게 하면 가능한 한 빨리 민족중심적 단계에서 민족상대적 단계로 넘어갈 수 있을지, 어떻게 하면 차이를 다양성으로 인정할 수 있을지 스스로 생각해 봐야 합니다. 이것이 바로 유럽평의

회가 발간한 『교육자료집』에서 강조하는 '차이에의 긍정적인 접근'
입니다.

세계 인류의 공동 과제,
문화다양성

　유네스코는 2001년 '세계 문화다양성 선언'을 통해 문화다양성
을 확산시켰습니다. 이 선언은 제1조에서 문화다양성을 인류 공동
의 유산이라고 규정했습니다. 생물다양성이 자연에 필요한 것과
같이 문화다양성도 인류에게 필요한 것이라고 했지요. 그리고 이
러한 의미에서 문화다양성은 인류 공동의 유산이고 현재와 미래
세대를 위한 혜택으로 여겨야 한다고 밝혔습니다. 제4조에서도 문
화다양성의 보호는 인간 존엄성의 존중으로부터 분리할 수 없는
윤리적 책임이라고 밝히며 문화다양성을 인권과 연결시켰습니다.
그리고 제5조에서는 문화권cultural right을 보편적, 불가분적, 상호의
존적인 인권의 총체라고 정의하며 누구나 자신의 문화적 정체성을
존중하는 질적 교육과 훈련을 받을 권리가 있다고 강조했습니다.
　생물다양성에 대해 좀 살펴보면, 생물다양성bio-diversity은 고대에
생긴 개념이지만 비교적 최근에 들어서야 널리 확산되었습니다.
1992년 6월 브라질 리우데자네이루에서 맺은 생물다양성 협약이

결정적인 계기가 되었지요. 이 국제 협약의 제2조는 생물다양성을 '육상, 해상, 그 밖의 수생 생태계 및 생태학적 복합체를 포함하는 모든 자원으로부터의 생물 간 변이성'이라고 정의하고, 그 속에 종들 간 또는 종과 그 생태계 사이의 다양성을 포함시켰습니다.

생물다양성과 문화다양성은 세계문화다양성선언 제1조에서 밝힌 것처럼 공동 운명체에 속해 있습니다. 인간도 생물다양성의 일부를 구성하고 있으므로 만약 생물다양성이 파괴된다면 인간 역시 그 영향을 받게 됩니다. 따라서 문화다양성도 파괴되겠지요. 아마존 개발로 지역의 생태계가 파괴되면서 삶과 문화가 함께 파괴된 야노마미족*의 경우처럼 말입니다. 그래서 오늘날에는 생물다양성과 문화다양성 간의 상호관계가 폭넓게 인식되고 있습니다.**

불행하게도 세계화 시대에 들어서 생물다양성과 문화다양성은 공동의 도전에 직면해 있습니다. 시장의 논리를 앞세우는 신자유주의가 자연과 환경을 함부로 파괴해 생물다양성을 위협하는 동시에, 경제적으로나 정치적으로 취약한 국가나 지역의 문화를 침식하고 있기 때문입니다. 그래서 이에 대해 "어느 경우에나 시장 원리를 맹목적으로 신봉하게 되면 장기적인 가치를 주변화하는 경향

---

* 2009년 MBC에서 방영된 다큐멘터리 〈아마존의 눈물〉을 통해 알려진 아마존에 사는 부족. 21세기에 들어 아마존 유역의 불법 채굴, 벌목으로 인해 인구수가 줄어들고 있다.
* 유네스코한국위원회 지음, 『유네스코와 문화다양성』, 집문당(2008), 51쪽.

이 생긴다."*라고 경고하는 학자들도 있습니다.

하지만 문화다양성은 생물다양성보다 옹호하기가 훨씬 어렵습니다. 사람들은 난개발로 망가지는 생태계나 오염된 물을 보면서 자연을 보호해야 한다고 쉽게 생각하지만 문화다양성에 대해서는 그렇지 않지요. 문화다양성과 관련해서는 민족중심주의, 인종주의 등 넘어야 할 장애물이 많기 때문입니다.

자신의 문화를 사랑하는 교양인이
차이를 대하는 법

여기서 제 이야기를 해볼까 합니다. 저는 1991년부터 만 2년 동안 프랑스 서북부의 루앙 시내에 있는 한 중식당에서 종업원으로 일했습니다. 어느 날 부모와 함께 열 살 정도의 두 여자아이가 식당에 들어왔습니다. 저는 평소처럼 차림표를 갖다 주고 주문을 받았지요. 주문을 받는 동안 두 딸 중 하나가 저를 힐끗힐끗 쳐다보았습니다. 저는 흔히 있는 일이라 크게 신경 쓰지 않았지요.

그런데 뜻밖의 일이 벌어졌습니다. 주문을 받고 주방으로 가면

** 같은 책, 54쪽.

서 뒤돌아보니 아버지가 두 딸을 훈계하고 있었습니다. 짐작컨대 '종업원을 그런 식으로 보지 말라.'는 훈계였습니다. 아마 두 딸은 아시아인을 그렇게 가까이에서 본 것이 처음이었나 봅니다. 저는 호기심이 많은 아이들이 흔히 할 수 있는 행동이라 별로 신경 쓰지 않았는데 아버지는 그렇지 않았던 것이지요.

식사가 끝나고 계산서를 갖다 주었을 때 저는 다시 한 번 놀랐습니다. 아버지가 계산서 위에 올려놓은 신분증을 보니 그 사람은 제가 당시 다니는 대학의 전 총장이자 현직 국회의원이었기 때문입니다. 이 정도 지위의 사람이면 거들먹거릴 만도 한데 전혀 그렇지 않았을 뿐만 아니라 오히려 딸들이 외국인 종업원을 보는 시선을 꾸짖었다는 사실에 그야말로 신선한 충격을 받았지요.

프랑스인들이 자국 문화에 높은 자부심을 가지고 있다는 이야기는 유명합니다. 그런데 그들의 문화 사랑이 존경받는 이유는 자국의 문화만 사랑하고 다른 문화를 우습게 보는 것이 아니라 제가 만난 한 아버지처럼 다른 나라의 사람과 문화를 존중하는 데 있지 않을까 싶습니다.

여러분은 여러분의 자녀가 베트남인 종업원을 보고 앞서 말한 프랑스 소녀처럼 힐끗힐끗 쳐다봤다면 어떻게 할 건가요? 이는 다문화사회를 살아가는 한국인이라면 모두가 던져 보아야 할 공통의 질문입니다.

다문화시대 우리에게 필요한
상호문화적 인식

문화다양성은 사람들이 가지고 있는 민족중심주의와 인종주의 때문에 생각보다 쉽게 수용되지 않습니다. 따라서 아주 어릴 때부터 체계적인 교육을 통해 다양성 교육을 실시해야 합니다.

현재 전 세계 곳곳에서 실시하는 다양성 교육에는 국제이해교육, 다문화교육, 상호문화교육이 있습니다. 국제이해교육은 국외의 다양성에 초점을 맞춥니다. 국내에는 세계화라는 용어가 비교적 긍정적인 의미로 사용되던 1990년대 중반에 김영삼 정부가 권장하면서 도입되었지요. 나머지 두 교육은 국내의 다양성에 초점을 맞춥니다. 다문화교육이 다양한 집단의 공존을 강조한다면, 상호문화교육은 개인 간의 상호작용을 강조하지요.

왜 문화다양성교육이
필요할까?

국제이해교육은 유네스코가 창설된 1946년부터 시작되었습니다. 당시 사람들은 제2차 세계대전을 막 겪은 터라 평화가 얼마나 소중한지를 잘 알고 있었습니다. 이것은 유네스코 창립 헌장에 나오는 "전쟁은 인간의 마음에서 시작되므로 평화를 지키는 일도 인간의 마음에서 시작되어야 한다."라는 말에서도 잘 드러나지요. 국제이해교육은 바로 이런 취지에서 시작됐습니다. 평화를 구축하고 유지하기 위해서는 무엇보다도 다른 나라를 잘 이해해야 한다고 생각했던 것입니다.

앞에서도 언급했다시피 한국은 이 교육을 1997년 제7차 교육과정 속에 포함시켰습니다. 그리고 현재 국내에서 전개되는 다문화교육은 명칭만 다문화교육이고 실상은 대부분 국제이해교육입니다.* 하지만 국제이해교육만으로는 우리 사회의 민족중심주의, 고정관념, 편견, 차별 등을 모두 해소하기 어렵습니다. 국제이해교육은 우리의 문제를 해결하는 데 필요조건이지 충분조건은 아니거든요.

---

* 양영자,「한국다문화교육의 개념 정립과 교육과정 개발 방향 탐색」, 이화여자대학교 박사학위논문(2008), 5쪽.

다문화교육은 1960년대의 미국 시민권 운동으로부터 비롯했습니다. 당시 흑인들은 미국의 건설에 기여했지만 백인들로부터 심한 차별을 받았습니다. 노예 제도가 폐지된 1865년으로부터 약 100년이 흘렀는데도 말이지요. 오히려 1896년부터 실시된 '분리하되 평등하게separate but equal'라는 원칙하에 흑인들은 분리된 학교를 다니고 열차나 버스에서도 분리된 좌석에 앉아야 하는 등 차별은 공공연하게 이루어지고 있었습니다.

하지만 1954년에 미국 연방대법원이 '피부색으로 교육 시설을 나누는 것은 본질적으로 불평등하고, 이는 법 앞에서 평등한 권리를 보장한 수정헌법 14조에 어긋난다.'라고 하며 공립 학교 내 흑백 분리를 위헌이라고 판결했습니다. 이어 1956년 버스 내 흑백 분리도 위헌이라고 판결하자 흑인들은 차별과의 투쟁에 나섰지요. 이런 분위기 속에서 학계는 단민족연구, 다민족연구, 다민족교육을 거쳐 마침내 다문화교육을 제안했습니다. 제임스 뱅크스는 이 교육을 "다양한 사회 계층, 인종, 민족, 성 배경을 지닌 모든 학생이 평등한 교육을 받을 수 있도록 교육 과정과 제도를 개선하고자 하는 개혁 운동"*이라고 정의했지요.

상호문화교육은 1970년대에 독일, 프랑스 등의 유럽 선진국에

---

* 제임스 뱅크스 지음(모경환 외 역), 『다문화교육 입문』, 아카데미프레스(2008), 203쪽.

서 시작되었습니다. 이 나라들은 제2차 세계대전 이후 외국인 근로자를 대거 받아들였습니다. 그런데 1960년대에 이 외국인 근로자들 중 일부가 그곳에서 가정을 이루거나 출신국에서 가족을 불러들이면서 그들의 자녀 교육 문제가 서서히 사회적 차원으로 대두되기 시작했습니다.

각 나라들은 처음에 '외국인 교수법(독일)'이나 '수용반(프랑스)'을 통해 독일어나 프랑스어를 교육하는 데 주력했습니다. 하지만 이 교육은 이민자가정 자녀의 언어적·문화적 정체성을 제대로 고려하지 않는다고 비판받았습니다. 그 결과 대안으로 상호문화교육이 부상했지요. 프랑스의 사회학자 뫼니에는 이 교육의 목표를 "모든 학습자로 하여금 그들 주위의 문화를 더 잘 이해하여 편견을 줄이고 인종주의, 차별, 문화적 불평등에 대해 비판적 시각을 가지게 하며, 민족중심주의에서 벗어나 교류하도록 하는 것"*이라고 정의했습니다.

현재 이 교육은 유럽평의회와 유럽연합에 의해 유럽 전역으로 널리 확산되고 있습니다. 하지만 한국에서는 여전히 일부 학자들만이 거론하는 생소한 교육으로 남아 있는 실정입니다.

---

* Olivier Meunier, *Approches interculturelles en éducation*(Institut national de recherche pédagogique 2007), P.23.

더불어 더 잘 사는 것이 목표인
상호문화

'상호문화'란 정확히 무엇일까요? 상호문화교육학자들이 말하는 상호문화적 접근은 '타인과 원만한 관계를 맺기 위한 역동적인 과정'을 말합니다. 이 접근의 핵심은 원만한 관계의 출발점을 타인이 아닌 나 자신에게서 찾는 데 있습니다. 그래서 상호문화적 접근은 "무엇보다도 자기와 자기 집단에 대한 활동"*이라고 봅니다. 실제로 이 접근은 타인에게 하는 만큼 많은 질문을 자신에게 던지게 합니다. 이때 타인에 대한 모든 질문은 자신에 대한 질문과 겹치게 됩니다.

상호문화적 접근을 옹호하는 교육학자들은 이런 대원칙에 모두 동의하면서도 저마다 조금씩 다른 방법을 제안합니다. 예를 들어 파르툰은 먼저 중심을 탈피하고 타인의 체계로 들어간 뒤 협상을 시도하도록 제안합니다. 클레망은 자기중심을 벗어난 뒤 타인의 입장이 되어 보고, 협력을 하고, 타인이 현실과 나를 어떻게 보는지 이해하도록 제안하지요. 또 마가는 자신의 고유한 해석 체계를 인식하고 타인의 문화를 발견한 뒤 문화적 행동을 관찰하고 분석하도록 합니다. 그런 다음 고정관념에 대해 활동하고 자신의 문화와

---

* 마르틴 압달라 프렛세이 지음(장한업 역), 『유럽의 상호문화교육』, 한울아카데미(2010), 139쪽.

타인의 문화 사이의 관계를 설정해 타인의 문화를 내면화하도록 제안합니다. 요컨대 상호문화적 접근은 자신의 문화에 대해 비판적으로 인식한 후에야 타인의 문화로 접근할 수 있는 것이지요.

유럽평의회, 유럽연합, 유네스코와 같은 국제 기구들이 권장하는 상호문화교육의 목표는 한마디로 '더불어 더 잘 살기Live better together'입니다. 이렇게 살기 위해서는 모든 사람이 모두의 인권을 존중하고 모든 결정에 민주적으로 참여하며 모든 일은 법에 따라 처리되어야 합니다. 이는 유럽평의회가 내걸고 있는 인권, 민주주의, 법치주의와 정확히 일치하지요.

그런데 사람들은 보통 자기중심적이고 자문화중심적이기 때문에 이렇게 살아가기는 쉽지 않습니다. 그래서 교육을 통해 상호문화역량을 체계적으로 길러 주어야 하지요. 유네스코에 따르면, 상호문화역량은 개인이 언어적·문화적으로 다른 사람들과 효과적이고 적절하게 상호작용할 수 있는 능력을 말합니다. '효과적'이라는 말이 기능적이라면, '적절하게'라는 말은 윤리적이라 할 수 있습니다.

미국의 상호문화의사소통학자인 디어도르프에 따르면, 상호문화역량은 태도, 지식 및 이해, 기술, 내적 산출, 외적 산출로 구성됩니다. 먼저 태도attitude는 존중, 개방, 관심 및 발견으로 구성되는데, 여기서 말하는 존중respect이란 다른 문화들에 가치를 부여하는 것을 말하고 개방openness은 섣부른 판단을 하지 않는 것을 말하며 관심 및 발견curiosity and discovery은 모호함을 용인하는 것을 말합니다. 그리고 지식 및 이해knowledge and comprehension는 문화적 자기 인식, 깊은 문화 지식, 사회언어학적 인식으로 구성되지요. 또 기술skill은 청취, 관찰, 평가, 분석, 해석, 관계 짓기를 말하며 내적 산출internal outcome은 적응력, 유연성, 민족상대적 관점, 감정 이입 등을, 외적 산출external outcome은 상호문화적 상황에서 효과적이고 적절한 의사소통과 행동을 말합니다. 결국 상호문화역량은 인간의 정의적, 인지적, 행동적 요인과 모두 관련된 전인적全人的 역량이라고 할 수 있는 것입니다.

앞에서 뫼니에가 정의한 상호문화교육의 목표는 21세기를 살아가는 모든 사람에게 적용되는 목표입니다. 여기에는 내국인이냐 외국인이냐는 물론, 다수냐 소수냐가 따로 없습니다. 모든 사람은 민족중심주의적 성향과 크고 작은 편견을 가지고 있기 때문이지요.

다양한 민족으로 구성된
유럽의 상호문화교육

유럽연합은 유럽의 28개국*으로 이뤄진 국가 연합입니다. 이 연

---

* 2016년 영국은 국민투표를 실시해 유럽연합을 탈퇴했다. 하지만 여전히 유럽연합 공식 홈페이지에는 영국을 포함한 28개국이 가입되어 있다고 명시하고 있어 여기서는 28개국으로 표기한다.

합은 1993년 11월 1일, 마스트리흐트 조약에 의해 설립되었는데, 그 전신은 유럽 공동체입니다. 총 인구가 5억 명에 달하는 이 연합은 전 세계 국내 총생산의 23퍼센트를 차지하는 거대한 공동체로, 공용어는 스물네 개지만 필요에 따라서는 러시아어와 아랍어를 사용하기도 합니다. 2012년에는 세계 평화에 기여한 공로를 인정받아 노벨 평화상을 수상하기도 했지요.

유럽연합이 많은 국가와 다양한 민족으로 구성되다 보니 회원국 국민들 간의 원활한 대화는 가장 중요한 과제로 부상했습니다. 이런 점을 감안해 유럽평의회는 2008년에『상호문화대화 백서White Paper on Intercultural Dialogue』를 발간하고 회원국들 간의 상호문화대화를 적극 권장했습니다. 이 백서는 상호문화대화를 '민족적, 문화적, 언어적 배경과 전통이 다른 개인이나 집단이 상호 이해와 존중을 바탕으로 개방적이고 정중한 의견을 교환하는 과정'이라고 정의했습니다.

지난 30여 년간 유럽평의회, 유럽위원회 등 유럽의 많은 기구들은 학교에서 상호문화교육을 적극 실시하도록 권장해 왔습니다. 제2차 세계대전 이후 국제 이주민이 급증한 데다 유럽 자체가 오랜 다문화적, 다언어적 자산을 가진 공간이었기 때문입니다. 그러다 보니 아동 및 청소년이 유럽과 전 세계에서 상호문화적으로 행동할 수 있도록 교육할 필요가 있었던 것이지요.

독일 쾰른주립대학교에서 교육학을 연구하고 있는 알레만-기온다는 다섯 나라(독일, 프랑스, 이탈리아, 영국, 헝가리)에서 실시되고 있는 유럽 상호문화교육의 실태를 비교했습니다. 그 결과는 다소 부정적이었습니다. 이 다섯 나라 내 상호문화교육은 유럽 기구들의 적극적인 권장에도 불구하고 기대만큼 확산되지 않았으며 국가들 간에도 큰 차이를 보였기 때문입니다.

현재 독일은 유럽 내에서 상호문화교육을 가장 잘 실천하는 나라 중 하나입니다. 1960년대에 이민자들에게 독일어를 가르쳐 독일 사회에 통합시키는 외국인 교수법Ausländerpädagogik을 실시하다가 1970년대 후반부터 상호문화교육으로 전환했습니다. 이민자 학생들을 제대로 통합하려면 그들의 사회적·문화적·언어적 유산과 다양성을 존중해 주어야 한다고 보았기 때문입니다. 실제로 독일교육장관회의는 1996년과 2013년에 상호문화교육 권고안을 만들어 학교 내 상호문화교육의 확산을 독려하고 있습니다.

프랑스는 1970년대 중반에 출신 언어·문화 교육Enseignement de la langue et de la culture d'origine을 계기로 상호문화교육을 실시했지만 1989년에 발생한 이슬람 히잡 사건*으로 이 교육을 중단하고 다시 공화국의 가치를 강조하는 교육으로 전환했습니다. 하지만 교사가 교육과정 내에서 다양한 주제를 스스로 정할 수 있고 이 주제를 다루는 방법도 자유롭게 결정할 수 있어서, 상호문화교육은 여전히 존속

---

* 1989년에 교내에서 히잡 벗기를 거부한 무슬림 여학생 여러 명이 학교에서 퇴학 조치를 당한 사건.

하고 있다고 말할 수 있습니다.

영국은 1960년대부터 1980년대까지 다문화교육과 반인종주의 교육을 실시해 왔습니다. 하지만 1990년대 초반부터는 이러한 교육의 비중이 줄어들고 있지요. 현재 영국의 주된 교육적 개념은 국가 응집력과 시민성 교육입니다. 그런 이유로 2002년부터 모든 학교가 국가 교육 과정에 따라 시민성 교육citizenship education을 실시하고 있습니다. 이 교육은 다양성, 문화적 차이, 인종주의와 같은 주제를 폭넓게 다루고 있지요.

이탈리아는 본래 전통적인 이민 수출국이었으나 1980년대부터는 이민 수입국으로 변하면서 상호문화교육에 큰 관심을 보이기 시작했습니다. 이탈리아는 처음부터 정부의 공식 문서를 통해 상호문화교육은 단지 이민자 학생만이 아니라 모든 학생을 대상으로 해야 한다고 강조했습니다. 하지만 이탈리아의 많은 교사들은 상호문화교육을 이민자 학생만을 위한 교육이라고 여기고 있으며 그 실행 역시 잘 이뤄지지 않고 있는 상황입니다.

헝가리는 헝가리어 외에도 열세 개의 공식어를 가진 나라입니다. 이 언어들은 오랫동안 헝가리에서 살아온 열세 개 소수 민족의 언어지요. 그러다 보니 헝가리는 이민 문제보다는 이 소수 민족을 통합하는 문제에 더 치중하고 있습니다. 1990년대 초반부터 '상호문화'라는 용어를 사용하기 시작했지만 상호문화교육은 여전히 헝

가리의 공식 교육 정책이 아닙니다.[*]

    여러 유럽 기구들은 비록 상호문화교육이 모든 회원국의 공식 정책이 아닐지라도, 유럽 사회를 다문화사회에서 상호문화사회로 만들기 위해, 그래서 유럽을 원만히 통합하기 위해 오늘도 최선을 다하고 있습니다. 점점 다문화사회로 변하고 있는 한국 사회도 이런 노력을 본받아야 하지 않을까요?

---

* Cristina Allemann-Ghionda, *Intercultural educaion in schools*, European Parliament(2008), P27.

차별을 없애고 상생의 언어로

▶▶

한국에는 언제
상호문화도시가 생길까?

유럽평의회와 유럽연합은 유럽 내 다양성을 증진시키기 위해 2008년부터 상호문화도시 프로그램Intercultural Cities Program을 실시하고 있습니다. 이 프로그램에 따르면, 상호문화도시는 상이한 국적, 출신, 언어, 종교, 신념을 가진 사람들로 이루어져야 하고, 이 도시의 정치 지도자들과 시민들은 다양성을 긍정적으로 보며 그것을 자원으로 여겨야 합니다. 차별에 적극적으로 맞서며 도시의 조직, 기관, 서비스를 다양한 사람들의 요구에 맞추어야 합니다. 또 다양성과 문화 갈등을 다룰 수 있는 전략과 수단을 구비하고 있을 뿐만 아니라 공적 공간에서 다양한 집단들이 상호작용하며 함께 살아갈 수 있어야 하지요.

2017년을 기준으로 32개국 123개의 도시가 이 상호문화도시 프로그램에 참여하고 있습니다. 대부분은 유럽에 있는 나라지만 캐나다, 일본, 호주, 멕시코와 같이 유럽이 아닌 나라도 참여하고 있지요. 이 중에는 파리, 베를린, 런던, 몬트리올처럼 우리에게 잘 알려진 도시도 있지만 그렇지 않은 도시도 많습니다. 일본의 하마마쓰가 대표적인 예지요. 인구 80만 명 정도의 한 일본 도시가 이미 프로그램에 참여하고 있다는 것은 상당히 놀라운 일입니다.

상호문화도시로 선정되기 위해서는 상호문화도시 지표^{Intercultural} ^{Cities Index}에 따라 엄격한 심사를 받아야 합니다. 이 지표는 스위스의 독립적인 연구소인 벡바젤 경제연구소가 개발한 것으로, 현재 유럽 전역에서 도시의 상호문화성을 측정하는 공신력 있는 도구로 사용되고 있습니다. 이 지표는 다양한 문화의 공존 상태를 측정하는 것이 아니라 상이한 문화적 배경을 가진 사람들 사이의 상호작용 여부와 빈도를 측정합니다. 이 지표의 73개 질문* 중 몇 가지만 예로 들어볼까요?

(16) 귀하의 도시에 민족적 소수자/이민자 배경의 학부모를 학교 생활에 적극 참여시키는 학교들이 있습니까?

(21) 귀하의 도시는 시민들이 다른 민족적/문화적 배경을 가진 사람들과 만나서 상호작용하도록 장려하고 있습니까?

---

* 지표는 76개의 질문으로 구성되어 있다. 그러나 이 중 마지막 3개 질문은 질문지에 대한 질문이므로 총 73개의 질문이라고 해도 무방하다.

(29) 귀하의 도시는 행정과 서비스에서 민족적 차별을 금지하는 헌장이나 문서를 가지고 있습니까?

(67) 선출된 정치인의 민족적 배경이 귀하의 도시의 인구 구성을 반영하고 있습니까?

(73) 귀하의 도시는 반차별운동을 벌이거나 비슷한 방법으로 인식을 제고하고 있습니까?

이 지표와 관련해 한 가지 유념해야 할 것이 있습니다. 이 지표가 도시들 간의 순위를 매기기 위한 것은 아니라는 점입니다. 이 지표는 상호문화도시로 선정된 도시를 계속 발전시키기 위한 것이고, 아직 이 프로그램에 참여하지 않은 도시들로 하여금 자기 성찰을 하도록 유도하는 것이 목표입니다.

물론 상호문화도시로 선정되면 국제적으로 명성을 얻을 수 있습니다. 그뿐만 아니라 국제 전문가들로부터 조언을 받을 수 있고, 다른 도시들과 다양한 행사나 학술 교류를 할 수 있으며 유럽평의회와 유럽연합으로부터 지원을 받을 수도 있지요. 이제 한국에서도 이 프로그램에 도전해 볼 도시가 나오길 기대해 봅니다.

인간은 언어 습득 능력을 가지고 태어납니다. 그래서 '언어적 인간'이라는 뜻의 호모 로쿠엔스$^{Homo\ Loquens}$라고 불리기도 하지요. 이 능력을 프랑스어로는 랑가주^{langage}라고 하는데, 이 랑가주가 어느 한 특정 사회에서 구현되면 그것은 랑그^{langue}가 됩니다.

랑그는 자의적인 동시에 강제적입니다. 언어가 자의적^{恣意的}이라는 것은 동일한 대상을 언어 공동체마다 다르게 부른다는 뜻입니다. 사과나무의 열매를 한국어로는 '사과'라고 하지만 영어로는 'apple', 프랑스어로는 '폼므^{pomme}'라고 하는 것처럼 말이지요.

또 언어가 강제적이라는 것은 언어 공동체가 이 열매를 어느 한 형태로 부르기로 합의하면, 그 사회에 속하는 사람들은 이 합의에 따라야 한다는 뜻입니다. 어떤 유별난 사람이 사과를 '감자'라고 부른다고 했을 때, 이 언행은 감자라는 이름이 사회적 합의에 이르기 전까지 사회적 일탈로 간주됩니다. 그리고 계속 사회적 합의를 준

수하지 않으면 그 사람은 결국 사회에서 도태될 수밖에 없지요.

이런 강제성 때문에 언어는 매우 강력한 사회화 도구로 여겨집니다. 한국에서 태어난 사람은 모두 사과를 '사과'로 발음해야 한다는 요구를 받습니다. 이런 사회화는 단어 수준에서 그치지 않습니다. 아이들은 아주 어릴 때부터 "얘야, 이럴 때는 '감사합니다.'라고 해야지." 혹은 "어른에게는 '나이'가 아니라 '연세'라고 해야지."라는 식의 말을 계속해서 들으며 성장합니다. 아이에게 사회 규범을 따르고 사회적 조직을 인정하라고 요구하며 강제하는 것입니다. 결국 한국에서 태어나 한국어를 배운 사람은 언어의 사회화 과정을 통해 한국 사회 속으로 서서히 편입됩니다. 하이데거의 말을 빌리면 '언어'가 '존재'로 변하는 것이지요.

한국인은 한국어로 사회화된 존재들입니다. 한국어로 세상을 분석하고 바라봅니다. 따라서 한국인이 쓰는 언어를 자세히 살펴보면 한국인의 사고방식과 존재 방식을 이해할 수 있습니다. 한국인은 '우리'라는 말을 자주 씁니다. '우리나라' '우리 말' '우리 집' '우리 엄마' '우리 학교' '우리 열차' 등 이루 헤아릴 수가 없지요. 영어나 불어로 옮기면 거의 다 '나의'에 해당하는 'my'나 'mon'으로 고쳐야 할 표현들입니다. 이를 통해 한국인은 '우리주의'가 매우 강한 편임을 알 수 있습니다. 또 '국민'이라는 말도 즐겨 씁니다. 노래를 잘하면 '국민 가수'라고 부르고, 연기를 잘하면 '국민 배우'라고 칭합니다. 다른 나라에서는 이런 언어 사용을 거의 찾아보기 어렵습니다.

다른 나라에서는 노래를 아무리 잘해도 어떤 가수를 '국민 가수'라는 뜻의 national singer, chanteur national 등으로 부르는 일은 극히 드물지요.

지금 한국의 기성세대는 대부분 국민교육헌장을 외우고 날마다 국기에 대한 맹세를 하면서 단일민족을 강조하는 교과서로 공부한 사람들입니다. 우리주의나 국가주의를 지속적으로 주입받은 사람들이지요. 이는 1960년부터 1990년 사이에 한강의 기적을 이루는 데 크게 기여했습니다. 한국인을 하나로 결집시키고 한국인의 역량을 극대화하는 데 매우 유용했지요. 하지만 1990년 이후 외국인이 점증하고 이들과 더불어 사는 것이 중요해진 오늘날, 이러한 이념이나 사상은 용도를 변경하거나 폐기할 필요가 있습니다. 우리주의에서 벗어나야 외국인들과 잘 어울릴 수 있고, 국가주의를 완화해야 개인의 창의성과 국가 간의 협력을 기대할 수 있기 때문입니다.

하지만 이런 인식 전환은 결코 쉽지 않습니다. 언어를 통해 뇌 속에 주입된 인식은 잘못된 것이라고 명백히 인정되기 전에는 쉽게 바뀌지 않기 때문입니다. 현재 한국인은 몸은 지구촌에 있지만 생각은 민속촌에 머물고 있는 셈입니다. 통계청에 따르면 2017년에만 2600만 명의 한국인이 비행기를 타고 지구촌을 넘나들었다고 하는데, 사고는 여전히 폐쇄적이고 배타적이지요.

한국인은 한국인 말고는 모두 '놈'이라고 부릅니다. 서양 사람은

'양놈', 중국 사람은 '떼놈', 일본 사람은 '왜놈'으로 부르지요. 또 흑인에게는 '깜둥이', 외국인 근로자에게는 '새끼'라고 부르기도 합니다. 여러 가지로 고생하고 있는 결혼 이민자에게는 "한국에 오니 좋지요?"라고 대놓고 묻고, 베트남 유학생에게는 "베트남에서도 발레를 하나요?"라고 반문합니다. 우즈베키스탄 여성이 사우나에 들어가려 하자 가로막고는 "에이즈 걸렸을지도 모르잖아요."라는 이유를 대기도 하고요. 이탈리아 국수를 '스파게티'라고 부르는 것과 달리 베트남 국수는 '퍼'라는 정식 이름이 있는데도 그냥 쌀국수라고 부르는 것은 어떻게 이해해야 할까요?

한국인은 한국인만의 가정을 '단문화가정'이라고 전제하고는 국제결혼가정을 '다문화가정'이라고 부릅니다. 그리고 이 가정의 자녀는 다문화자녀 또는 다문화학생이라고 부릅니다. 이 아이들은 놀이터에서 "너희 나라로 돌아가!"라는 말을 듣고 마음에 상처를 입습니다. 숙명여대 법학부 홍성수 교수의 말처럼, 이런 모든 말들이 외국인에게는 '칼'이 됩니다. 이 칼이 언젠가는 한국인을 겨냥할지도 모른다고 생각하면 기성세대의 한 사람으로서 참으로 걱정스럽습니다. 이런 모든 문제들을 효과적으로 그리고 적절하게 해결하려면 하루 속히 우리의 편협한 인식을 개선하고 그를 바탕으로 상호문화적 대화를 지속해 나가야 할 것입니다. 이것이 바로 제가 이 책을 쓴 이유입니다.

○ 참고문헌

머리말

욤비 토나, 박진숙 지음, 『내 이름은 욤비』, 이후(2013).

1부. 차이를 차별로 만드는 우리 언어

유창돈 지음, 「족친칭호의 어원적 고찰」, 《사상계》10호(1954).

박노자 지음, 『당신들의 대한민국』, 한겨레신문사(2002).

서정범 지음, 『우리말의 뿌리』, 고려원(1989).

실뱅 알르망 외 지음(김태훈 역), 『세계화』, 웅진지식하우스(2007).

도미니크 불통(김주노 역), 『또 다른 세계화』, 살림출판사(2012).

마셜 맥루한(임상원 역), 『구텐베르크의 은하계』, 커뮤니케이션북스(2001).

마셜 맥루한(박정규 역), 『미디어의 이해』, 커뮤니케이션북스(2001).

니얀 찬다(유인선 역), 『세계화, 전 지구적 통합의 역사』, 모티브북(2007).

이삼열, 강순원, 한경구 외 지음, 『세계화 시대의 국제이해교육』, 한울아카데미 (2003).

조성관 지음, 『한국 엘리트들은 왜 교도소 담장 위를 걷나?』, 조선일보사(2000).

2009/04/27~2009/04/29, 〈인간의 두 얼굴 II〉, 《EBS》.

김문조 외 지음, 『한국인은 누구인가』, 21세기북스(2013).

송호근 지음, 『나는 시민인가』, 문학동네(2015).

남종영 기자, 2007/05/03, 「우리 안에 갇힌, 우리 안의 '한국인'들」, 《한겨레21》.

2부. 차이의 기준, 단일함이라는 허상

에르네스트 르낭(신행선 역), 『민족이란 무엇인가』, 책세상(2002).

베네딕트 앤더슨(윤형숙 역), 『상상의 공동체』, 나남(2002).

김여경, 「2000년 이후 인쇄 매체에 나타난 한복의 조형미 연구」, 이화여자대학교 박사학위논문(2010).

서부승 지음, 『김치』, 서부승, 김영사(2004).

이성우 지음, 『고려이전 한국식생활사연구』, 향문사(1978).

주영하 지음, 『식탁 위의 한국사』, 휴머니스트(2013).

질 베르분트(장한업 역), 『상호문화사회』, 교육과학사(2012).

3부. 정상적인 우리가 되지 못한 사람들

박노자 지음, 『당신들의 대한민국』, 한겨레신문사(2002).

KBS 역사스페셜 원저, 『역사스페셜 6』, 효형출판(2003).

김운회 지음, 『몽골은 왜 고려를 멸망시키지 않았나』, 역사의 아침(2015).

이희근 지음, 『우리 안의 그들 역사의 이방인들』, 너머북스(2008).

김계동 외 역, 『세계화의 논쟁』, 명인문화사(2010).

이문영, 2018/01/20 「친족성폭행·혼인취소… 한 베트남 결혼이주여성의 '약탈 14년'」, 《한겨레》.

4부. 영원한 우리도, 영원한 이방인도 없다

윤인진, 『코리안 디아스포라』, 고려대학교출판부(2004).

웨인 패터슨(정대화 역), 『하와이 한인 이민 1세』, 들녘(2003).

정성화 엮음, 『박정희 시대와 파독 한인들』, 선인(2013).

5부. 차별을 없애고 상생의 언어로

Council of Europe, *Education Pack*(1995).

Milton J. Bennett, *Basic Concepts of Intercultural Communication*(Nicholas Brealey; 2 edition, 2013).

유네스코한국위원회 지음, 『유네스코와 문화다양성』, 집문당(2008).

제임스 뱅크스(모경환 외 역), 『다문화교육 입문』, 아카데미프레스 (2008).

양영자, 「한국다문화교육의 개념 정립과 교육과정 개발 방향 탐색」, 이화여자대학교 박사학위논문(2008).

Olivier Meunier, *Approches interculturelles en éducation*, (Institut national de recherche pédagogique2007).

마르틴 압달라 프렛세이(장한업 역), 『유럽의 상호문화교육』, 한울아카데미(2010).

Cristina Allemann-Ghionda, *Intercultural educaion in schools*, (European Parliament 2008).

Council of Europe, *White paper on intercultural dialogue*(2008).